AMUSEMENT DU DESPOTISME MINISTÉRIEL.

OU

Mémoires d'un Prisonnier de douze années & sept mois,

Rédigé par J. RUTLEDGE, Citoyen.

INTRODUCTION.

Vers la fin du mois de Juillet dernier, j'entrai par hazard dans le jardin des Thuilleries; un particulier m'aborde; ses traits altérés par les longues douleurs, bien plus que par les années, rappellerent néanmoins à l'instant, son nom & ses malheurs à mon souvenir.

Ce particulier m'assura que, depuis son arrivée dans cette Capitale, il n'avoit cessé de s'informer si j'y étois encore. Il ajouta, qu'il avoit fait pour m'y déterrer des efforts infructueux. Enfin il me déclara, qu'il n'avoit cependant point cessé de se flatter qu'un jour je deviendrois son défenseur.

Depuis cette rencontre, ce même particulier m'a raconté, à plusieurs reprises, les choses qu'on va lire. Il narroit en anglois; je vais mettre en François les faits, tels qu'ils m'ont été exposés, & les réflexions dans l'esprit ou elles m'ont été faites.

Mon intention, en publiant cette effrayante histoire, est de mettre les bons esprits en mesure d'apprécier les différences, qui se trouvent entre le régime qui commence à prendre parmi nous & l'ordre précédent des choses.

Je désire aussi, que M. Macdonagh trouve dans mon travail un mémoire à consulter, d'après

A 2

lequel sa marche puisse être dirigée avec sûreté, par quelque jurisconsulte également éclairé & sensible.

En voilà assez pour prevenir le lecteur. Je vais laisser l'infortuné militaire, lui répéter en françois, tout ce qu'il m'a cent fois dit & confirmé en langue angloise.

AMUSEMENT DU DESPOTISME

MINISTÉRIEL:

OU

Mémoires d'un Prisonnier de douze années & sept mois,

S'IL est permis à l'innocence dévouée à un supplice injuste & de quelques moments, de bénir la main secourable qui vient détourner la hache fatale de sa tête, j'ai sans doute le droit de bénir cent fois l'heureuse révolution, qui a fait tomber les portes du tombeau où j'ai resté, durant près de treize années, enseveli au milieu des horreurs d'un martire réitéré.

Cette révolution, propice en ma personne à l'humanité opprimée, ne peut que gagner par l'exposition que j'ai à faire des moyens de tyrannie qui étoient, sous l'ancien régime de fer, au pouvoir des plus méprisables intrigants. Quant-a-moi personnellement, il ne me reste qu'à prouver que j'étois innocent, pour justifier la liberté avec laquelle je vais récla-

mer contre mes nombreux bourreaux. Je vais
le faire d'une manière effrayante, mais permife
fans-doute fous l'empire des loix, puifqu'elle
fera jufte & vraie.

PREMIÈRE PARTIE.

Pour mettre dans ce qui va fuivre, un ordre
d'où puiffe réfulter une attérante clarté, je
diviferai ce Mémoire en fections claires &
précifes : les unes feront deftinées a faire connoître
les perfonnnes ; les autres a manifefter les rap-
ports que leurs actions ont établi entr'elles.
Les crimes des unes, & les fouffrances des
autres, & les droits, à charge où à décharge,
de toutes, feront les réfultats qui s'offriront,
pour ainfi dire d'eux mêmes, aux actions de
l'opinion vengereffe & de la juftice fociale.

§ I.

De moi-même : ma naissance & mes services.

J'apprécie les généalogies autant philofofi-
quement que qui que ce puiffe-être : mais
j'ai un adverfaire, de qui les ufurpations en ce
genre, me forcent de parler de la mienne qu'il
a calomniée ; & de la fienne propre, dont il
fe fait un titre. Il faut donc que je parle de
l'une & de l'autre.

Il exifte, dans les trois Royaumes britanni-
ques, des familles de qui l'origine antique

& reconnue devient un titre à une juste considération pour quiconque a l'honneur d'en être issù. A la vérité, cet avantage n'entraîne, dans l'ordre social, aucune prérogative directe & indépendante; mais il n'en est pas moins un bien réel dans l'opinion d'estime des citoyens.

En Angleterre, on a une vénération soutenue pour les vrais Howard, pour les Spencer, les Seymour, les Talbots, &c. &c.

En Ecosse, on présume toujours bien des hommes qui ont droit de porter les noms de Hamilton, Douglas, Stuart, &c.

On est également heureusement prévenu en Irlande, en faveur de ceux à qui on ne peut contester les noms : ô Connor, ô Neil, ô Hara, Maccarty, &c.

Ce seroit néanmoins une erreur que de croire, que tous les individus qui se présentent, soit dans l'intérieur des trois Royaumes, soit chez les nations étrangeres, parés de ces noms connus, ayent réellement droit à la considération qui y est attachée.

Plusieurs usages ont contribué à propager des abus, dont l'effet déplorable a été de les décréditer, tant au dedans qu'au dehors. Autrefois, en Irlande, on prenoit le nom des familles auxquelles on s'attachoit; alors ce nom indiquoit ceux qu'on désignoit à Rome, par le mot *Clientéla*, & qui l'ont été dans l'Italie moderne, par le mot *Agregati*.

Les freres de lait des aînés des maisons nobles, les enfans naturels en retenoient aussi les noms;

& nombre de ceux-ci les ont tranfmis à leur poftérité.

De-là les confufions, de-là la facilité qu'ont rencontré beaucoup d'Irlandois à en impofer fur la vérité où fur la pureté des leurs-origines; impoftures, dont beaucoup d'entre-eux fe font prévalu, fur-tout dans les régions étrangeres ou la noblefle de l'extraction pouvoit fervir à multiplier les reffources.

Il eft héanmoins très-aifé aux Irlandois expatriés, de prouver qu'ils n'en impofent point fur leur naiffance, lorfque réellement ils n'avancent à cet égard que la vérité.

Le Royaume d'Irlande eft divifé en quatre parties principales : chacune de celles-ci eft partagée en plufieurs comtés. Toutes les anciennes familles nobles y ont poffédé, & un très-grand nombre y poffedent encore des terres & des châteaux. C'eft à ces feules familles qu'il eft aifé à tout vrai gentilhomme Irlandois de faire remonter fon origine.

Il exifte dans ce pays, des formalités fûres, preferites par l'ufage & la loi, pour écarter toute illufion; & fi les nations étrangeres ne veulent point être abufées par des avanturiers de cette région, il eft néceffaire-pour elles, de n'accorder croyance fur ce point, qu'aux feules généalogies qu'elles en verront fcrupuleufement revêtues.

Quant-à moi, je fuis iffu d'une famille établie, depuis douze fiecles, dans le comté de Slegœ, au Royaume de Conaçie : j'y naquis en 1740.

Connor Macdonagh mon pere avoit peu de fortune; mais elle étoit égale à fes befoins, &

suffisante pour élever sa famille de manière à mettre tous ses riches & nobles parens & alliés, dans le cas de n'avoir nullement à rougir de nous.

Un malheureux procès, survenu entre mon père & le Lord Kingstone, causa dans les affaires du premier, un dérangement, tel qu'il en mourut de chagrin; il me laissa en bas âge aux soins d'un grand oncle qui lui-même jouissoit d'un mince revenu de soixante guinées. Cette situation de la fortune de mon grand oncle, étoit une conséquence déplorable des spoliations qui avoient été exercées sur les siens, tous inébranlables partisans de l'infortuné Roi Charles I, par Olivier Cromwel, durant les jours du bouleversement & des massacres que cet usurpateur fit commettre dans ma patrie.

Mon ayeul & mon bisayeul y avoient possédé l'un & l'autre, la baronie de Balindoone. Cette terre, transmise jusqu'à eux par une suite d'ayeux non interrompue durant douze siecles, est aujourd'hui divisée entre deux possesseurs : le Lord Kinsborough & le général Faleirde, qui en tirent environ 100,000 liv. tournois de revenu.

Le temps n'a point encore effacé les blazons de la race dont je suis sorti, des portiques de plusieurs anciens châteaux appartenants à ses branches diverses, situés dans le comté de Slegœ. Ils se voient encore sur les murs antiques de l'ancienne abbaye de Balindoone.

La baronie de Caronne, située aussi dans le même comté, fut apportée en mariage, au Lord Carlingford, par Elizabeth Macdonagh.

Elle avoit, ainſi que le reſte de nos biens, été confiſquée par Cromwel; mais Charles II, la fit rendre à la famille. Au lieu que la baronie de Balindoone, ancien patrimoine de mes auteurs, fut irrévocablement perdue pour eux. De-là la ſituation peu fortunée de mon pere; de-là mon émigration de la patrie de mes ayeux; de-là l'océan de calamités auxquelles le lecteur va me voir en proie.

J'avois cependant un grand oncle, du même nom que moi, au ſervice de la France; ce gentilhomme y étoit paſſé à la ſuite des Stuarts. Parvenu au rang de colonel, bien moins prodigué & bien plus conſidéré alors qu'il ne l'eſt de nos jours; mon grand oncle mourut en 1745, à Salins, en Franche-Comté.

Avant d'expirer, ce parent avoit confié à un de mes oncles, capitaine au régiment de Dillon, une ſomme de 12,000 liv., qui devoit être employée à mon éducation. Auſſitôt que jeus atteint ma douziéme année, mon oncle me fit venir d'Irlande; j'abordai en France, ſous la conduite d'un Gentilhomme de nos cantons, nommé Taaffe, qui me remit, à Heſdin en Artois, entre les mains de l'oncle qui m'attendoit.

Après avoir pris, chez un maître particulier, une teinture de la langue françoiſe, on me fit commencer mes études chez les PP. Jéſuites, à Heſdin. Mais s'étant aperçu que le déſir d'embraſſer l'état de l'égliſe commençoit à germer en moi, mon oncle s'en prit à mes livres, & les jetta au feu. Mes régens furent auſſitôt remplacés par des maîtres d'armes, de deſfein, & de mathématiques. Enfuite ce bon parent m'acheta une fous-lieutenance dans le régiment de Dillon.

J'ai fervi dans ce corps 25 années confécutives ; j'y fuis devenue lieutenant, capitaine. A l'exemple de mes grands oncles, qui combattirent au nombre de trois à l'affaire de *Cremone*, fi glorieufe aux Irlandois, & à Luzara, où ils fe couvrirent encore d'honneur ; à celui de plufieurs de mes oncles qui répandirent leur fang dans les champs de Fontenoy & de Lawfeld, j'ai eu l'honneur de combattre moi-même à Marbourg, fous le commandement du vaillant Kennedy ; & j'ai fait tontes les campagnes d'Allemagne.

Milord Carlingford, Marié à Mifs Macgdo-nagh, s'étoit attaché à la maifon de Lorraine. Ce Seigneur avoit engagé, à deux reprifes différentes, tous fes biens d'Irlande, pour faire des avances au Duc Léopold de Lorraine, ayeul de S. M. la Reine.

En conféquence des fervices éminens de cet allié, le Prince Charles de Lorraine & la Princeffe Charlotte voulurent bien écrire, & ils ordonnèrent au Comte de Mercy, d'intéreffer à mon avancement cette Princeffe, alors encore Dauphine. Elle eut la bonté de demander pour moi aux Miniftres du Feu-Roi, un grade fupérieur : mais, à cette époque, une femblable protection étoit bien moins efficace qu'honorable : je reftai fimple capitaine, tandis que la fortune & la favorite faifoient, chaque jour, des colonels pareils à celui qu'on verra figurer plus bas dans mon effrayante hiſtoire.

§ I I.

Qui & quels étoient Rose Plunkett & le Feu Comte Ogara.

Roſe Plunkett eſt fille d'Olivier Plunkett, gentilhomme *protestant* du comté de Meath, dans la Province de Lagenie en Irlande. Le pere de cette demoiſelle avoit reçu de ſes voiſins le ſobriquet de Lord Dunſany, ſur quelques vieilles prétentions frivoles à ce titre, alors imaginaire.

Roſe a été élevée à Dublin ; l'extrême pauvretée à laquelle ſon pere ſe trouvoit réduit, l'avoit décidé a l'envoyer dans cette ville, & à la mettre à la charge de deux tantes & d'un oncle paternel. Mais celui-ci, ayant fait un mariage très diſproportioné, ſe trouva hors d'état de faire éduquer ſa niece.

Plunkett, en conſéquence d'un placet que les tantes & l'oncle de la demoiſelle préſenterent au Lord Maire, étoit à la veille d'être condamné par ce Magiſtrat, à faire à ſa fille, une penſion alimentaire. Il fut mandé dans la Capitale ; il oppoſa au Lord Maire, que réduit lui-même à pourvoir à ſa propre ſubſiſtance, & de tems-en-tems priſonnier pour dettes, il étoit hors de ſon pouvoir de pourvoir à celle de Roſe.

Cette fille infortunée fut heureuſe alors, de trouver du pain & un afile auprès de Miſs Nugent, ſœur du Lord Nugent ; elle y a vécu deux ans entiers, ainſi qu'elle même me l'à avoué, ſur une eſpèce de pied de domeſticité humiliant pour elle.

Roſe a une ſœur mariée au nommé Maguire, marchand de bœufs dans le comté de Meath; elle a auſſi deux couſins germains réduits à la mendicité : aſſurement ſi les ſeuls liens de la parenté euſſent décidé le Comte Ogara à teſter en faveur de Roſe, & du frere de celle-ci, ſes legs ſe ſeroient étendus, ſur des parens au même degré, qui en avoient également beſoin! Mais la ſuite ſervira a manifeſter la manœuvre atroce qui lui a valu cette ſingulière préférence.

Nous venons de faire connoître les légatai-res. Diſons quel étoit le teſtateur.

M. Olivier Ogara, gentilhomme Irlandois, du comté de Slegœ, colonel en 1686 des gardes Angloiſes, étoit paſſé d'Angleterre en France à la ſuite du malheureux Jacques II.

Ce gentilhomme avoit abandonné une fortune conſidérable, pour s'attacher à celle de ſon Souverain. Elle conſiſtoit, en très-grande partie, en une terre ſituée dans le même comté que celles de ma famille. Aujourd'hui cette terre, ſacrifiée par les Ogara à leur rigoureuſe allégeance, produit, aux deux Lords Kinſbo-rough & Kingſtone, près de cinq mille liv. ſterling.

Réduit aux minces apointements qu'il rece-voit d'un Monarque, lui même devenu pen-ſionnaire de Louis XIV., le colonel Ogara, donna néanmoins à ſes ttois fils, une éducation conforme à leur naiſſance. Les deux premiers obtinrent des poſtes au ſervice d'Eſpagne ; le troiſiéme celui dont je vais parler, fut mis à portée, par la maniere dont ſon pere l'éleva, de pouvoir oublier les malheurs que la fidélité de ſa maiſon envers les Stuarts, avoit cauſé à celle-ci.

A peu-près vers le même-tems, François Taaffe, Lord Cartingford, fel-dmaréchal de l'Empire, chevalier de la Toiſon d'or, parent & ami du colonel Ogara, lui fit ſavoir, de Nancy où il étoit en qualité de gouverneur auprès du Duc Léopold, qu'il étoit diſpoſé a ſe charger de l'éducation & de l'avancement du fils qui lui reſtoit à placer.

Charles Ogara fut envoyé à ce Seigneur, par ſon pere Olivier. Recommandé par le Lord Carlingford, le jeune Ogara devint, en même-tems & le compagnon & le page du Prince. Et le ſouvenir des ſervices importants du parent & du proteĉteur préparérent au protégé, le chemin le plus rapide dans la faveur.

Cette faveur s'eſt ſoutenue juſqu'à l'époque ou Léopold, en vertu du traité d'échange de la Lorraine, fut inveſti du grand duché de Toſcane. Lorſque ce même prince eut enſuite épouſé la Reine de Hongrie, & après qu'il eut été reconnue Empereur, elle ſe ſoutint encore.

Particulierement attaché, ainſi qu'on verra par la ſuite, à la Princeſſe Charlotte de Lorraine, Charles Comte Ogara a terminé à Bruxelles, dans un âge qui rapproche ſouvent les deux extrémités de la vie, une carriere parfemée de profpérités & d'agrémens. Heureux, fi, au bout de fa courfe, il eut pû fe fouftraire aux embûches qui furent dreffées par un valet avide & par une femme perverfe, à fa bien-faifance naturelle & à fon accidentelle crédulité!

§ I I I.

Mon mariage avec Rose Plunkett.

En 1774, j'ai occafion de faire connoiffance à Lille, avec une jeune demoifelle nommée Rofe Plunkett, penfionnaire dans un des cou-vents de cette ville. Elle fe difoit parente éloignée du Comte Charles Ogara; je fus inf-truit par elle, qu'elle avoit déjà fait, fous les aufpices de M. fon frere Randel Plunkett, un voyage dans les pays-bas Autrichiens. Elle m'avoit appris que le motif de ce voyage, avoit été de folliciter les bienfaits du Seigneur qu'elle m'affuroit être fon parent; elle ne me diffimula même pas que fi fon attente à cet-égard, fe trouvoit abfolument déçue, elle fe verroit ré-duite aux plus déplorables extrémités dans fa propre patrie.

Cet expofé m'attendrit. L'intérêt que Rofe commençoit a m'infpirer s'accrut encore, lorfqu'elle m'eût confié que M. le Comte Ogara avoit refufé de la voir, & lui avoit fait fignifier de reprendre la route d'Irlande.

Il redoubla fur-tout, lorfque Rofe m'eût in-génument confeffé, qu'il lui étoit impoffible de vivre dans ce pays, avec une belle fœur qu'elle y avoit, foit parce que cette derniere avoit une humeur incompatible avec la fienne, foit parce que cette dame, veuve, lors de fon mariage avec Randel Plunkett, n'avoit apporté à ce dernier qu'un douaire d'environ cent guinées de rente, qu'elle tenoit du fieur Mandeville, fon premier mari; douaire qui étoit la feule reffource de ce couple, & à peine fuffifant pour les fuftenter eux-mêmes & leurs enfans. Rofe déchiroit mon cœur, en ajoutant qu'elle y feroit réduite à gagner fon pain du travail de fes mains !

Pénétrée peut-être fincerement alors de la part que ma fenfibilité me faifoit prendre à fa pofition, Rofe Plunkett me témoigna, par degrés l'affection la plus vive : j'avois d'abord été compatiffant, je devins fenfible. Dans une effufion qui fut amenée par cette fituation graduelle de mon ame, Rofe me déclara qu'elle m'aimoit; que, fi je vouloit l'époufer, je pourroit être fûr de fon inviolable attachement & de fon inaltérable fidélité.

Mon ame étoit trop droite, mon attendriffement trop grand, pour qu'il me fut poffible de penfer que la jeune perfonne qui m'adreffoit cette déclaration naïve, pût n'envifager en ce moment en moi, que le parent, reconnu, avoué, & l'un des héritiers préfomptifs de ce même comte Charles Ogara, qui venoit de repouffer fes humbles demandes.

Rofe Plunkett étoit grande, d'une figure agréable : elle avoit cette fraicheur de jeuneffe, faite pour exclure de la penfée de qui la regar-
doit

doit, tout foupçon de duplicité ou d'avarice.
Elle avoit, ou du moins, elle affectoit à mer-
veille, la modeftie & l'exceffive pudeur. Elle
paroiffoit vievment pénétrée de ces fentimens
de religion, qui font prefque toujours vraiment
fentis à fon âge, quand ils fe manifeftent par
des pratiques extérieures fuivies; en un mot,
j'envifageai en Rofe, l'une des perfonnes de
fon fexe, les plus vertueufes qui jamais fuffent
forties de notre commune patrie.

J'étois même entretenu dans ces conjectures
avantageufes à Rofe, par l'efpèce de fimplicité,
pour ne point dire gaucherie, qui régnoit dans
fes manières. Elle parloit avec une extrême
naïveté; elle faluoit fans grâce : elle n'avoit pas
le moindre vernis de cet ufage de la fociété,
que beaucoup de femmes n'acquierent point
fans conféquence. Elle m'avoit propofé de la
prendre pour ma femme, précifément du ton dont
la foiblcffe implore la force. Ses accens avoient
paffé dans mon ame, & malheureufement ils
s'y arretterent.

Je fis, fur ce mariage, toutes les réflexions
dont pouvoit être capable un jeune homme
affecté au point ou je l'étois.

Deux jours après, Rofe trouva le prétexte
d'une vifite à une dame, pour fortir de fon
couvent; elle accepta un dîner que je lui offris
avec le refpect dû à l'innocence; & lorfqu'il
fut achevé, elle fit avec moi quelques tours
de promenade avant de rentrer derriere fa
grille.

Notre entretien avoit roulé tout entier fur

B

les moyens d'effectuer & d'accélérer notre mariage : j'avois observé à mademoiselle Plunkett, qu'il étoit vrai que, en Irlande, vu que l'exercice publique de la religion romaine étoit défendu, ceux de cette communion s'y marioient dans des maisons, *au desert,* & quelquefois dans des chapelles domestiques ; mais que, en France, un mariage ne pouvoit être réputé légal & valide, que moyennant beaucoup de formalités. Je lui en fis, autant que je pûs, les détails. Elle apprit de moi, avec un regret pénétrant, que les seuls préliminaires du notre entraîneroient au moins deux mois, ou six semaines de temps.

Cependant, poursuivi-je, je connois un prêtre Irlandois, récemment arrivé de Tournay, qui est à la veille de passer en Angleterre. Je saurai de lui, s'il est possible que deux Irlandois contractent ici, un mariage valide, au moyen des seules formalités qui sont d'usage en Irlande.

Le lendemain de cette explication, j'invitai à dîner, l'ecclésiastique dont j'avois parlé à Rose : je déterminai celui-ci à unous unir de la manière dont il auroit pu faire en Irlande. Il me chargea de trouver deux témoins : je m'adressai aux sieurs Thomson & Molone, nos compatriotes. Tout étant disposé, j'en donnai avis à l'impatiente Rose ; & le lendemain celle-ci ne fut pas la moins précise au rendez-vous.

Après un dîner qui se passa en félicitations mutuelles, tant de la part du prêtre, que de celles des deux témoins compatriotes, & de celles de Rose & de moi, le premier mit à nos engagemens le fceau de la religion, en nous donnant en préfence des deux autres, la bénédiction nuptiale.

Environ une heure après cette cérémonie, l'eccléfiaftique & les témoins nous quitterent. Je fuis obligé ici, par la nature même de ma caufe, d'ajouter que Rofe, fe livrant alors à tout ce que je prenois pour teudreffe, joignit le fceau de la natnre à celui de la religion.

Après cet événement, que je rougis en ce moment pour elle de lui avoir vu oublier depuis, je la conduifis jufqu'à fon couvent, d'où elle eft fortie depuis plufieurs fois, pour me donner des preuves, alors non fufpeftes pour moi, de fa tendreffe.

Dès le lendemain du fervice que m'avoit rendu le bon prêtre Irlandois, je lui avois fait un léger préfent, en argent, hardes & bon vin : le jour fuivant, il partit pour fa deftination ; de leur côté, les deux témoins gagnerenr Paris, où ils étoient appellés par leurs affaires.

Six femaines environ après cet événement, Rofe me fit part d'uue lettre qu'elle venoit de recevoir de fon frere Randel Plunkett. Il y mandoit, qu'il venoit d'arriver à Paris de Cadix où fon époufe & lui, avoient fait un voyage, dans l'intention d'y voir un parent de qui ils efpéroieut hériter.

Randel Plunkett informoit fa fœur que ce même parent avoit fruftré fes efpérances, en contraftant un mariage affez bizare ; & en paffant tout fon bien à la femme qu'il avoit époufée.

Ce fut en mai 1774, que Rofe me fit part de cette miffive : je lui confeillai de fe rendre à l'invitation que lui faifoit encore ce frere, de venir le joindre à Paris. Je préfumois qu'il feroit poffible que celui-ci fit part à Rofe, des fecours qu'il avoit pû lui-même obtenir du parent de Cadix, dont la fortune acquife dans le commerce, paffoit pour très-confidérable.

Rofe avoit fait part à la fupérieure de fon couvent, de l'épitre dont il eft ici queftion; & cette bonne religieufe avoit formé les mêmes conjectures, & donné à fa penfionaire, les mêmes confeils que moi.

En conféquence, Rofe fit fes aprêts pour partir; ils ne furent ni longs ni embaraffaus: un nombre très-exigu de chemifes, une petite robe, quelques mouchoirs, quelques bonnets, un mantelet, dont je venois de lui faire préfet, furent mis dans une malle de deux pieds de longueur. Je donnai en cette occafion à Rofe cinq louis d'or, pour faire retenir & pour payer fa place dans la diligence, & pour qu'elle put acquitter quelques petites dettes.

Rofe prit tendrement congé de fes compagnes; elle fe mit en apparence en route fous les aufpices d'un honnête eccléfiaftique que la bonne fupérieure favoit partir pour Paris; mais dans la réalité fous ceux de quelqu'un qui avoit fur fa perfonne des droits plus directs, & un intérêt plus grand de lui être utile.

Je veut dire, que j'avois retenu pour moi-même une place dans la même voiture. Je m'y embarquai effectivement de mon côté avec une fomme d'environ foixante louis qui étoieut alors toutes mes reffources ; & qu'il entroit d'autant plus dans mon plan, de bien ménager tant pour Rofe que pour moi, que quelques années auparavant, j'avois connu, tant à S. Omer qu'à Paris, fon noble frere ; & que j'avois eu des occafions de bien me convaincre que, quoiqu'il fut Irlandois, il étoit pourvû d'un fond d'avarice affez grand, pour m'avoir décidé fans peine a adopter tout ce que la pauvre Rofe m'avoit mille fois raconté de fa Lézinerie caractériftique.

En arrivant à la Villette, je pris la précaution de defcendre du bannal véhicule : elle m'avoit été fuggérée par la prudence dont je croiois qu'il feroit, de ne donner aucune occafion à ce frere de conjecturer même qu'il pût exifter le moindre raport entre fa fœur & moi : c'eft ici le lieu d'inftruire mes lecteurs & mes Confeils, qu'il fubfiftoit alors entre nous un vieux levain de brouillerie ; & d'obferver qu'il n'auroit pas fallu davantage que l'afpect de fa fœur arrivant à Paris avec moi, à cet harpagon, pour lui fournir un prétexte de fe fouftraire à la néceffité de fe montrer, ce qu'il appelle *liberal*, & ce que tout autre appelleroit *jufte*.

* En defcendant de la diligence de Lille, à l'hôtel du grand Cerf, Rofe rencontra Randel fon frere. Celui-ci avoit amené une voiture qui fervit à les tranfporter à l'hôtel d'Entragues, rue de Tournon, où étoient logés ce frere & fon époufe.

Comme de mon côté j'étois prévenu de cette circonstance, je me procurai un logement dans la même rue, précisément en face de celui que les Plunkett y occupoient.

L'active & impatiente Rose épioit avec soin, tous les instants où la curiosité de sa belle sœur déterminoit celle-ci à faire un tour en ville; elle les saisissoit pour s'échapper. Alors elle se rendoit chez moi, & m'informoit de tout ce qu'il nous importoit savoir. Ces sorties furtives étoient ensuite adroitement colorées par elle, du prétexte d'avoir été faire au Luxembourg quelques tours de promenade.

Aussi-tôt que les accès de curiosité de la dame Plunkett fûrent passés, & après que M. son époux eut terminé les affaires qui avoient donné lieu à son séjour à Paris, ce dernier annonça son prochain départ pour Bruxelles.

Le motif de son voyage en cette ville étoit d'aller rendre ses devoirs au comte Charles Ogara, & d'y induire s'il étoit possible ce vieillard, sous couleur de parenté, à quelques dispositions en sa faveur. Rose, par qui j'apprenois journellement toutes ces parcularités, m'apprit aussi que ce bon gentilhomme formoit, sur le crédit qu'il présumoit à M. le Comte Ogara, l'espoir de se faire nommer chambellan de S. A. R. le Prince Charles de Lorraine; qu'au cas de réussite il se proposoit de fixer son séjour dans la jolie Capitale du Brabant; & que s'il y échouoit, il comptoit regagner l'Irlande, par la voie d'Ostende.

Je riois en moi-même du délire de ce pauvre

beau frere : car le Plunkett n'étoit taillé au phifique & au moral, qu'en *chasseur de renard*, & en mortel digne de figurer parmi nos gentil-hommes *Fermiers* d'Irlande, dans leurs *Clubs* des dimanches.

Quoiqu'il en foit, plein de fes projets le grotefque frere de Rofe, durant fon féjour à l'hôtel d'Entragues, s'étoit empreffé d'attirer & de régaler chez lui, une fille du général Plunkett, au fervice autrichien & commandant de la ville d'Anvers.

Cette jeune perfone étoit alors penfionaire au couvent des religieufes Angloifes de cette Capitale; & Randel Plunkett étoit parfaitement informé par fon pere de chaque nuance du dépériffement des facultés intellectuelles du comte Charles Ogara. La fuite fera voir que fi la partie la plus éblouiffante des ambitieufes fpéculations de notre chaffeur de renard n'étoit pas trop fenfée; fes menées pour réalifer la partie *folide*, n'ont pas été innutiles.

A la veille de gagner les pays-bas, le frere de Rofe propofa à celle-ci, d'entrer au couvent de *Port-Royal*. Rofe lui témoigna qu'elle aimoit mieux le fuivre à Bruxelles, pour préfenter comme lui, difoit-elle, fon refpect au comte Ogara.

Mais Plunkett, de qui l'antipathie pour toute efpece de partage eft le mobile dominant, infifta fur le couvent. Rofe réfifta : il eût recours aux menaces ; alors je fut fecrétement confulté.

Je dis franchement à Rofe, de renoncer au projet d'aller à Bruxelles ; je l'affurai que ni elle, ni fon grand frere ne réuffiroient auprès du comte, qui s'étoit déja ouvert à moi fur fes difpofitions à leur égard : je lui confeillai de fe foumettre, au contraire, à la volonté de fon frere, mais fous l'expreffe condition que ce dernier paieroit d'avance une année de fa penfion, & qu'il pourvoiroit en détail à tous fes befoins.

Rofe fuivit mon avis; mais après avoir tout promis, fon frere ne tint parole fur rien.

Rofe cependant fut remife entre les mains de madame de Monperoux, abbeffe de Port-Royal : celle-ci eût l'imprudence de fe contenter d'un acompte de huit louis, fur la penfion de Rofe , & de la promeffe verbale du *futur chambellan*, de lui faire remife du refte, auffi-tôt qu'il auroit atteint cette bonne ville de Bruxelles, ou la clef d'or lui paroiffoit dans le lointain attendre fa hanche !

En conféquence de l'indifcrette facilité de la pauvre abbeffe, Rofe , au bout de peu de temps, me fit parvenir fes plaintes, & m'exprima fes inquiétudes. Elle me prioit de paffer à fa grille : je m'y rendis. Elle éclata contre fon frere ! Elle fe récria avec véhémence, qu'après l'avoir emprifonnée fous les ordres d'une *Françoise*, il la laiffoit dénuée des nipes même les plus néceffaires & fans argent.

J'appaifai de mon mieux cet élan d'indigna-tion; j'affurai Rofe que je fupplérois à tout. Joignant les effets aux paroles: je lui remis tout l'argent néceffaire pour qu'elle pût s'acheter toutes les chofes preffantes; & j'y joignis priere de me le faire connoître par la suite, tous ses besoins, afin que je pusse aller au devant.

Au mois d'avril 1775, il m'arriva, de la part de Rose, & par la même voie, une seconde invitation de me transporter à sa grille : j'y vins ; elle avoit une contenance profondément affligée ; je lui en demandai la cause ; elle me répondit en ces termes :

« Vous savez, mon cher, à quel excès je vous chéris ; qu'il n'est point de sacrifice qui puisse me coûter pour vous : vous êtes un homme d'honneur, moi je suis affligée, désespérée ! Vous pouvez seul me tranquilliser & me rendre heureuse. » Je promis d'aller au-devant du moindre de ses desirs, & j'assurai Rose que j'avois pour elle les mêmes sentimens.

Aussi-tôt que j'eus fait cette réponse, Rose tira de sa poche, un billet écrit de sa main : elle m'annonce qu'il est le modele d'un écrit qu'elle exige de moi, en vertu duquel je m'engagerois à lui payer une somme de mille livres sterling, dans le cas où, par la suite, il m'arriveroit de contester la validité du mariage qui avoit été contracté entre nous.

Un homme moins franc, ou simplement plus réfléchi que je n'étois peut-être eût trouvé cette précaution un peu forte pour une persone de l'âge de Rose. Peut-être aussi un homme d'une expérience consommée, n'y eut entrevu que l'effet de conseils soufflés derriere une grille, par quelque femme pourvue d'une profonde expérience du monde & des affaires : car celles de ce caractere n'y étoient pas rares, à une époque où une bonne partie des femmes qui pourfuivoient des féparations, étoient dans l'habitude de fe cloîtrer par grimace.

Pour moi, dépourvu de la pénétration de l'un, & étranger aux rufes des autres, je répondis à la défepérée Rofe, que je lui ferois l'efpèce de *dédit* qu'elle exigeoit, non-feulement pour cette fomme, mais pour un million; bien que j'étois très-affuré de ne jamais être en état de réalifer cette même fomme, où rien qui pût en approcher. La religion & l'honneur, ajoutai-je, me font l'un & l'autre trop préfents, pour que je puiffe concevoir jamais la penfée de déroger à des engagemens pris en leur nom aux pieds d'un miniftre des autels, & en préfence de deux gentilhommes.

Je pris fur le champ une plume & de l'encre, &, fur du papier dont Rofe s'étoit munie, je copiai mot pour mot, & fignai enfuite l'écrit qu'elle venoit de dire feul capable de mettre un frein au défefpoir qui l'agitoit.

Au moment même, Rofe reprit une contenance rayonnante de fatisfaction; elle tira de fa poche un fecond billet où elle avoit tracé, & figne le réciproque du dédit qu'elle venoit de recevoir de moi.

Après cette derniere action, euffai-je été dès-lors éclairé par toute l'expérience dont j'ai parlé, je le demande, aurai-je pu concevoir ou garder le moindre doute fur la fincérité de Rofe?

J'en revins a dire à Rofe, que fuivant l'état préfumable de nos fortunés même à venir, nos dédits mutuels n'offriroient jamais à chacun de nous qu'une reffource imaginaire. Sur ce propos, Rofe me répliqua avec précipitation, quil s'en falloit bien que nous fuffions tous deux auffi dénués de tout efpoir : qu'elle avoit des parens maternels de qui elle hériteroit un jour ; que Mifs Nugent fœur du Lord Nugent, avec laquelle elle avoit demeuré deux années, pourroit n'avoir pas oublié fes foins, & fe pénétrer de fa fituation. J'obfervai en vain à Rofe que compter fur des bienfaits où calculer les témoignages de la reconnoiffance, étoit fe fonder fur des chimères. Beaucoup plus encline que moi a s'en bercer, Rofe ajouta qu'elle étoit certaine que de mon côté je recueillerois un jour la fucceffion du Comte Ogara : elle avoit même oui, pourfuivit-elle, dire par M. Plunkett commandant de la ville d'Anvers, que ce vieux Seigneur avoit conçu pour moi une forte paternelle d'affection. J'oppofai fans fruit à fes brillantes efpérances, une exceffive méfiance des volontés & des événemens ; Rofe continua a s'en repaître.

Je quittai Rofe, après qu'elle m'eut encore mis tendrement à contribntion pour qu'elque argent, & pour une multitude de menus articles de garde-robe que je lui portai le jour fuivant.

Peu de jours enfuite, devant partir pour Bruxelles, je me rendis à la grille de Rofe pour lui faire mes adieux. L'objet de mon voyage dans les pays-bas, étoit beaucoup plus d'y aller cultiver l'affection de mon parent, que d'y aller prendre part aux fêtes qu'on y préparoit alors, pour l'Archiduc Maximilien. Rofe me pria de ne pas l'oublier auprès du Comte; je l'affurai que je lui parlerois d'elle, & j'ai tenu parole.

En effet, arrivé à Bruxelles, je me rendis chez ce parent, logé dans un des appartemens du palais occupé par le Prince Charles. Le refpectable vieillard m'accueillit avec fa bonté accoutumée.

Dès notre premier entretien, il arriva à M. Ogara de me dire qu'un certain *grand diable* de Plunkett l'étoit venu voir; il parloit du frere de Rofe. C'eft un mortel, ajouta-il, qui n'eft point même préfentable. Il ignore jufqu'à la maniere d'ôter fon chapeau; cet original n'eft-il pas venu me fommer de faire de fon individu un chambellan du Prince! J'ai chargé *Deuzan* de lui dire de s'en retourner en Irlande, & qu'il n'étoit pas affez riche pour fixer fa réfidence ici.

Deuzan, perfonage attaché au refpectable Comte a titre de domefticité, Deuzan qui plus bas jouera dans mon récit un rôle bien étrange, Deuzan me répéta les mêmes chofes: il m'ajouta en riant que toutes les libéralités de fon maître envers le grand coufin *pretendu*, s'étoient bornées au préfent *fortuit* d'une epée de deuil.

Je profitai néanmoins de nos premieres en-
trevûes, pour parler de Rose au bon vieillard.
Je lui appris que le burlesque candidat à la
clef d'or, l'avoit laissée au couvent de Port-royal,
sans y avoir payé sa pension, & sans la pourvoir
de nipes ni d'argent. Je terminai l'exposition de
la situation de l'infortunée Rose, par déclarer
au Comte que ce seroit humanité, charité, que
de lui faire passer les secours que son frere
avoit la barbarie de se dispenser de réaliser.

Sur ces représentations, le vieux Comte
quitte avec impatience le siége sur lequel il
étoit assis. Je vous prie Monsieur, me dit-il
avec humeur, de vouloir bien vous abstenir de
me parler de cette fille; elle n'est nullement
ma niece. C'est à ses parens a en avoir soin;
elle peut quand il lui plaira, se mettre en route
& aller les joindre.

Cet avis me fut donné avec tant de verdeur,
que je n'entrevis point pouvoir revenir jamais
à la charge avec succès. Au bout d'un séjour de
deux mois, je pris congé de mon cher parent, &
je repris la route de Paris.

En passant par Valenciennes, je fis faire
quelque linge pour Rose; je le lui remis en
arrivant avec une robbe. Rose reçut ce présent
avec une joie plus proportionnée au besoin
qu'elle en avoit, qu'à sa mince valeur. Elle
m'instruisit en même-tems que ce besoin étoit
tel, que Madame l'Abbesse avoit été contrainte
de lui faire l'avance de quelques nipes; Rose
termina cette confidence par une sortie plus

que patetique, contre ce frere qui perſévéroit
a ne point payer ſa penſion.

§ I V.

*Précautions de Rose, pour corroborer nos
engagemens.*

Peu de tems-après mon retour de Bruxelles,
je dis à Roſe, que je m'aprétois à partir pour
Londres avec mon ami ; qu'il étoit important
que j'y vis deux excellens parens ; que mon
abſence ſeroir de quatre mois ; mais qu'il ne s'en
écouleroit pas un ſans quelle reçut de mes
nouvelles. Au reſte, je promis de la voir avant
mon départ.

Deux jours après cette viſite, l'impatiente
Roſe me pria dans un billet, de me rendre à
ſon couvent. J'y fus ; je la trouvai encore plus
abbatue que dans la viſite ou elle avoit exigé
de moi le dédit, quelque mois auparavant.

Cher & tendre ami, *chere créature*, dit Roſe
auſſi-tôt quelle m'aperçut, ſi votre amitié eſt
toujours la même, ne quittez point cette Capitale ſans m'avoir accordé encore une aſſurance,
qui ſera, l'orſque vous vous ſerez éloigné, la
ſource de ma ſécurité & l'aliment de toutes mes
joies.

Parlez, repliquai-je affeﬅueuſement, & ſoyez
aſſurée d'être ſatisfaite. Notre mariage, reprit
Roſe, n'eſt point revêtu des formes capables
d'en faire en France, un lien rigoureuſement
légal. Si vous voulez me ſouſtraire aux plus

tuantes perplexités, ne partez qu'après m'avoir de nouveau donné la main en face de l'églife, & conformément à tous les ufages confacrés dans le pays où vous allez me laiffer !

Pour que je ne puiffe plus avoir fur votre foi l'ombre d'un incertitude, pourfuivit-elle, j'exige que vous me faffiez d'abord le ferment de m'accorder ma demande. Devant quels témoins, repri-je, faut-il vous le faire ? Je défire répliqua Rofe, que ce témoin foit un prêtre. Son caractere rendra votre ferment plus augufte. Je n'en connois, lui dis-je, point d'autre que Monfieur l'abbé Macdermoth. J'ajoutai enfuite fur le compte de cet eccléfiaftique, quelques mots d'éloges bien mérités. Rofe me répondit que c'étoit précifément celui qu'elle m'auroit elle-même défigné.

Le jourfuivant, j'engageai l'abbé Macdermoth à diner : je lui confiai le fecret de mon mariage avec Rofe. Je le prévins auffi fur le ferment qu'elle exigeoit de moi. L'eccléfiaftique me repréfenta, que fi je n'accédois point au defir de cette malheureufe femme; feule, ifoléo, comme elle étoit, parmi des étrangeres, il étoit à craindre qu'elle ne fe portât à quelque extrémité. Dés cet après-diner, ajouta-t-il, nous nous tranf-porterons enfemble au Port - Royal.

Rofe accourut à la grille; après quelques courts préliminaires, elle me montra un bré-viaire, & me demanda fi je connoiffois ce livre ? Je répondis que oui : elle me fit auffi-tôt étendre ma main gauche fur le volume, lever la droite, & jurer fur le texte de la fainte bible, de

l'époufer en face de l'églife, fi Dieu prolongeoit
ma vie. Elle exigea encore que je lui remiffe
par écrit le ferment que je venois de pronon-
cer.

Satisfaite fur tous ces points, Rofe, à fon
tour, répéta le même ferment; & me le remit
écrit de fa main : cependant, le pieux abbé
avoit récité quelques prieres; & il finit par nous
combler de fouhaits & de félicitations.

Nous prîmes enfuite congé de Rofe : je lui
dis, en la quittant, que je lui enverrois, par la
demoifelle Jamet que déformais elle pourroit
charger des lettres qui lui arriveroit de m'écrire,
quelques bagatelles à fon ufage qu'elle venoit
de me demander.

Je lui fis auffi préfent, dans ce moment, de
ma montre, de ma bague, que jamais depuis
je n'ai revues; je partis enfuite également exempt
de fcrupule & de méfiance.

§ V.

*Incident remarquable, fur-tout pour les amis
de la conftitution.*

Bientôt je fus confirmé dans tous les fenti-
ments que la dureté des parens de Rofe & fes
malheurs fur-tout, m'avoient infpiré pour elle.
J'étois informé chaque jour qu'elle menoit au
Port-Royal, une vie fi édifiante qu'elle y étoit
regardée comme une fainte.

Cependant, la dame de Montperoux, pré-
cife comme une abbeffe, exacte comme toutes
les

les meres temporelles du monde embéguiné, ne perdoit pas un seul instant de vue, le long manque *substantiel* de parole du moins payant de tous les freres. Cette dame, a reprises progressivement exprimées avec plus d'aigreur, exhaloit son étonnement de ce que le sieur Randel Plunkett négligeoit de faire passer le montant de la pension de sa sœur; & de ce qu'il sembloit l'abandonner, pour tous ses besoins accessoires, aux soins de la providence.

La très-exacte abbesse avoit itérativement insisté pour que Rose écrivit. De mon côté, j'avois appuyé pour qu'elle le fit. Rose protestoit qu'elle écrivoit par chaque courier : cependant le noble Randel Plunkett, absorbé en Irlande par le soin d'y faire la guerre aux renards, ne répondoit mot.

Pour prévenir l'impatience de l'inquiete abbesse, à la priere de Rose, je me résignai a porter trente & quelque louis à cette Dame. Je me fis en cette occasion, accompagner par mon hôte, honête citoyen qui tenoit alors l'hôtel de Malthe, rue Dauphine.

En réfléchissant sur les circonstances de sa désagréable position, songeant peut-être encore un peu alors à la nature de ses secrets engagemens, Rose proposa à Madame de Montperoux de soulager son monastere, en le quittant, de la charge dont elle pouvoit y être. Mais l'auguste *cénobite* qui venoit de palper mon argent, répondit que le frere de Rose, ayant placé Rose dans sa maison, celle-ci n'en pouvoit franchir le seuil sans un ordre de lui.

C

Deconcertée par cette réponfe, Rofe s'avifa de penfer quelle étoit fujet britannique, majeure d'âge, au gré des loix de fon pays. Ce frere n'ayant en conféquence aucun droit fur fa perfone, ne lui parut, dans aucun cas, pouvoir être autorifé à la tenir fous les clefs de l'abbeffe. Ces raifons étoient péremptoires au fens d'une Angloife ; mais elles étoient autant d'héréfies, au gré de Madame de Montperoux.

Défefpérée par les argumens clauftraux de l'abbeffe, Rofe s'arrêta au parti de mander à fon frere, qu'elle étoit mariée ; & elle le fomma de confentir à ce qu'on lui rendit une liberté qu'il ne devoit ni ne pouvoit lui ravir.

Bien loin d'acquiefcer à cette demande, Plunkett Manda à Madame de Monperoux, de refferrer Rofe ; & fur-tout de couper court à tout efpèce de commerce entre celle-ci & moi.

Alors la prifonniere prit le parti d'écrire ce qui venoit de fe paffer à Monfieur de Saint-Pol, fecrétaire de l'ambaffade britannique. La porteufe de cette importante miffive fut la demoifelle Jamet.

Par fa lettre, Rofe notifioit très-expreffément au vice-miniftre de fon pays, qu'elle étoit en proie au malheur d'être enfermée malgré elle, fous les ordres d'une *Françoife*, en vertu d'un commandement donné par un frere de qui elle étoit indépendante de droit ; & qu'elle faifoit offre de payer à fon abufive & rigoureufe geoliere, tout ce qui pouvoit lui être bien & légitimemnt dû par elle.

Rofe imploroit en finiffant la protection *offi-*

cielle du délégué de fon pays ; elle lui obfervoit qu'elle avoit reçu le jour d'un proteftant, qu'elle étoit elle-même née & avoit été baptifée dans cette communion ; & qu'elle ne demandoit que fes fers fuffent brifés que pour retourner dans fa patrie.

En réponfe à cette réclamation, Monfieur de Saint-Pol envoya M. Ginès, aumonier de l'ambaffade, au couvent de Port-Royal : celui-ci fit part à l'abbeffe qu'il venoit de la part du miniftre britannique. Paffablement interdite par cette vifite, Madame de Monperoux fit paroître la penfionaire.

Au bout d'un quart d'heure environ d'entretien en langue angloife, entre l'aumonier & Rofe, ce dernier interpella formellement la comparante ; & lui demanda, fi elle vouloit fa liberté.

A ce dernier mot, Rofe tomba fur fes genoux, & s'écria vivement, *oui*. Les deux mains levées, en attitude de fuppliante, elle conjura, au nom du ciel & de la patrie, l'aumonier de tout mettre en œuvre pour faire tomber fes chaines.

L'aumonier alors lui demanda fon âge ; elle fe déclara majeure : il en reçut fon ferment fur l'évangile, fuivant l'ufage en Angleterre.

Je fus tout ce détail, dès le jour fuivant, par une lettre de Rofe, qui, à l'ordinaire, me fut apportée par la demoifelle Jamet. Affurée, m'y marquoit Rofe, par le colonel Saint-Pol de l'obtention prochaine de fa liberté, elle m'engageoit encore fortement à obtenir de M. l'Archevêque de Paris, la permiffion de nous marier en face de l'églife, avec publication de bans; & elle me preffoit de tenir tout difpofé pour le moment même ou elle feroit libre.

Muni de l'extrait de baptême de Rofe, piece qui atteftoit fa majorité, je me rendis chez le prélat. Il la fit enregiftrer, & en ma préfence, il délivra la permiffion de publier les bans fur la paroisse de Saint-André-des-Arcs.

Cependant Rofe, ne voyoit pas encore s'ouvrir les barrieres de la cloture contre laquelle elle venoit de reclamer. Mais en attendant que le jour de la liberté vint a briller pour elle, les rayons de l'efpérance fembloient avoir ranimé fa fenfibilité.

A la vérité, il étoit impitoiablement furveillé a ce qu'il ne put y avoir aucune communication entre nous ; mais deux fois par femaine, la fidele Jamet m'aportoit des lettres qui refpiroient la tendreffe la plus vive.

Dans une de ces lettres, Rofe me pria de me promener chaque jour fur la partie des boulevards qui borde les derrieres du quartier où la maifon de Port-royal eft fituéé. Elle y infiftoit pour que je lui fiffe parvenir une lunette d'aproche, au moyen de laquelle elle put du moins me voir diftinctement des croifées du monaftere.

Si Rofe eut été fincere, aujourd'hui je me rappellerois la foibleffe que jeus de lui complaire, comme une des douces erreurs de ma jeuneffe ! Mais je ne puis que me perfifler du ridicule empreffement que je mettois à aller battre une amoureuſe eſtrade, au dépens de mon tems, expoſé aux rigueurs & aux injures de la ſaiſon, pour que la perfide recluſe fit l'eſſai de la lorgnette quelle avoit eu fantaiſie de m'eſcroquer!

§ . V I.

Liberté de Rose, usage quelle en fait.

Cependant le ſubſtitut de l'embaſſadeur de la grande Bretagne, avoit déja fait part à M. le Comte de Vergennes, de la lettre & du placet qui lui avoient été adreſſés par Roſe.

M. de Vergennes avoit répondu au miniſtre Britannique, qu'il étoit déja prevenu par M. de Maurepas ſur l'objet de ſa dépêche; il ne diſſimula point que l'abbeſſe du Port-royal avoit eu recours au crédit de perſones puiſſantes pour empêcher que M. de St. Pol n'obtint l'ordre qu'il demandoit.

Homme à expédiens, comme tous ceux qui diſpoſent de l'autorité ſous les influences du pouvoir arbitraire, le miniſtte obſervoit à l'agent d'Angleterre, que la jeune dame n'ayant point été cloîtrée d'ordre du Roi, il n'étoit point naturel qu'il en fut expédié un de cette eſpece, pour qu'elle recouvrit ſa liberté.

C'eſt une *Françoise*, ripoſta fiérement M. de St. Pol, qui tient captive dans ſa maiſon une *Angloise*, qui ne lui doit rien. Je demande que cette vexation finiſſe.

Ce langage clair & nerveux arracha au Bacha,

l'affurance qu'il alloit commettre, le Lieutenant-
de-police de la Capitale pour prendre connoiffance des faits.

Madame de Montperoux fe hatâ de faire agir
auprès du Magiftrat . les mêmes perfones qu'elle
étoit patvenu à mettre en œuvre auprès du *Visir*.
M. Dalbert trouva à fon tour des prétextes pour
temporifer. Il finit par déclarer que la police
des maifons religieufes étoit du reffort de M.
l'Archevêque.

Sur cette défaite, l'agent britannique retour-
na à la charge auprès du miniftre qui chercha
encore a gagner du tems. Enfin M. de St. Pol
fe décida à réclamer Rofe officiellement. Et
pour fe mettre en regle, il fit part au Lord
Rochefort miniftre des affaires du Sud à Londres, de la démarche qu'il fe déterminoit à
faire.

Inftruite de cette derniere mefure, l'abbeffe
eut recours à l'Ambaffadeur de France auprès
de Sa Majefté britannique ; elle le fupplia de
vouloir détourner le Lord Rochefort de préter
fon appui à la reclamation dont il s'agiffoit.

Sans-doute, il étoit excufable à une *recluse
Françoise* . de ne point prevoir la réponfe de
l'agent du pouvoir exécutif, dans une région
libre & proteftante. Mais le Comte de Guines,
qui auroit du être mieux inftruit que cette bonne
religieufe, n'eut-il pas dû la deviner?

Le devoir de mon Office, dit Lord Roche-
ford, m'oblige a proteger la liberté de toute
Angloife, parmi les Nations amies. Si j'avois
la foibleffe de le perdre de vûe; bientôt la

presse serviroit à instruire celle-ci de ma pré-
varication ; quelque patriote en feroit aussi-tôt
retentir les voutes de Westminster ; & je n'ignore
point que Mademoiselle Plunkett est disposée à
invoquer la protection publique, si mon appui
lui manque.

Tandis qu'on avoit consommé adroitement
du tems en négociations inutiles ; le frere de
Rose avoit eu celui de faire agir M. Plunkett,
commandant d'Anvers. Ce dernier enfanta le
projet d'indisposer Rose contre moi ; & il s'as-
focia pour cette bonne œuvre, le Deuzan,
secrétaire & confident du respectable Comte
Ogara.

J'ai déjà eu plus haut occasion de dire que
le commandant d'Anvers avoit une fille en pension chez les religieuses Angloises de Paris. Il
prit le prétexte de venir chercher cet enfant. En
passant par Bruxelles, il vit le Comte Ogara,
de qui tous les Plunkett convoitoient l'héri-
tage, & que tous croyoient disposé a m'insti-
tuer son légataire.

Le sieur Plunkett demanda au Comte Ogara,
Deuzan qui pourroit, lui dit-il, ramener Rose
dans les pays-bas, au sein d'une parenté qui
bruloit de lui faire oublier ses infortunes.

Le vieillard, qui prenoit à Rose assez peu
d'intérêt, observa d'abord que son Deuzan
lui étoit très nécessaire ; qu'il faisoit un sacrifice
en permettant à ce serviteur de s'éloigner de
lui ; qu'il s'y résignoit cependant, vû que Deuzan
durant son séjour à Paris, pourroit prendre des

mesures relativement à quelques rentes que le Comte y avoit.

Deuzan partit avec le général. En route il reçut ses instructions ; & dès-lors il vendit à ce dernier son ascendant sur l'esprit de son vieux maître. Arrivé dans la Capitale, Deuzan se logea rue Dauphine, chez le sieur Ducastel, Maître Tailleur ; le général dans un hôtel-garni, rue du Colombier.

Dès le lendemain de son arrivée, Deuzan avoit été faire sa cour à Rose. Le général fut aussi la voir, mais sans vouloir permettre que je l'y accompagnasse.

Ces divers allées & venues, eurent lieu dans le courant du mois d'Octobre 1775. Elles furent à l'instant d'être rendus vaines, par l'intervention *officielle* de M. de St. Pol. Ce ministre enfin notifia dans les régles à M. de Vergennes, la reclamation de sa cour, à l'égard de Mademoiselle Plunkett.

Aussi-tôt le Vizir François fit passer à l'abbesse du Port-royal, le commandement d'ouvrir les portes. Rose en fut prévenu par l'anmonier Gines. On va reconnoître, dans l'usage qu'elle fit de cette liberté, les fruits des suggestions réunies du général & de Deuzan

Cette femme, dont ces misérables avoient eû le tems d'étudier à fonds tous les foibles, laissa bientôt voir un penchant plus décidé pour les dons de la fortune, qu'à conserver intacte & pure sa renommée.

Par une de ces inconséquences, ordinaire effet du dessus que la passion dominante prend toujours dans les âmes fans principes fur toutes les autres affections, Rofe fe décida à refter der-riere cette même grille, qu'elle venoit de faire tant d'efforts pour voir tomber ! Ce n'étoit point Héloïfe retenue par le falutaire repentir d'une amoureufe erreur ; ce fut l'avarice prenant le parti d'y attendre enchaînée, la fortune dont Deuzan venoit de faire briller l'efpoir à fes yeux éblouis

Meffagere & confidente affidue de Rofe, la Demoifelle Jamet continua de l'être, mais pour fervir l'honnête homme que celle-ci facrifioit. Elle m'informoit chaque jour des réfultats des *têtes-à-têtes* de Rofe & de Deuzan. Deux ef-pions me fervoient encore, pour éclairer juf-qu'aux moindres démarches de l'indigne valet du Comte.

Enfin je fus inftruit que cet agent du géné-ral Plunkett, avoit pris fes mefures pour venir vers les huit heures du foir, prendre furtive-ment Rofe dans un cabriolet attelé de chevaux de pofte ; que le lieutenant-de-police d'Albert avoit donné ordre au nommé Buhot, l'un de fes limiers, d'efcorter Rofe & fon conducteur, jufqu'à la barriere St-Denis.

Cette perfidie ainfi confommée fous les auf-pices de l'inquifition immorale de ces jours de fervitude, j'en fus auffi-tôt averti. Jeune & vigoureux, comme j'étois à cette époque, je me mets à la pourfuite de Rofe & de fon guide à *franc-étrier* ; de pofte en pofte, je donne le fignalement du Deuzan & de la jeune dame, d'un relai à l'autre on me confirme qu'il me

feroit poffible de les joindre, & je me flattai
bientôt que je les attendrois à Perronne, à l'ouverture de la nuit.

Arrivé aux barrieres de cette fortereffe des
Fermiers-généraux, je les trouvai fermées. Je
fus contraint de m'arrêter dans les faubourgs;
aux portes ouvrantes j'apprens que mes fugi-
tifs avoient paffé outre la veille. Enfin j'atteins
bon avis, relai diftant feulement de trois lieues,
de la ville de Cambrai. C'eft là que m'attendoit
une preuve effrayante de toute la puiffance de
la foif des richeffes fur l'âme de la femme
qui a le malheur d'en être dominée.

Le Monfieur, me dit avec fimplicité l'hôteffe du lieu, la jeune dame que vous venez
de dépeindre, font arrivés ici hier au foir; ils
ont *couché ensemble* dans un cabinet dont-ils ont
été contrains de fe contenter, parceque je n'avois
pas d'autre chambre à leur offrir.

Je friffonnai de furprife & d'horreur. Je demandai a voir l'horrible cabinet, l'honnête hôteffe me fatisfit : enfuite cette femme & un poftillon certifierent à ma requifition ce trait révol-
tant par écrit.

Je confommai dans cet endroit quelques
heures, tant a me repofer, qu'a tacher de rendre du calme à mon âme. Je gagnai Cambrai, où
je paffai la nuit: Enfuite je pris la route de
Bruxelles, ou jefpérois épancher ma douleur
& mon indignation aux pieds de mon parent
le comte Ogara.

En paffant par Mons, j'y apprens d'un des
échevins, nommé auffi Plunkett, qu'en paf-

fant par cette ville, Deuzan y avoit dépofé Rofe dans un couvent. Avec ce nouveau trait de lumiere, j'arrive à Bruxelles le 30 Octobre 1775.

§ V I I.

Audace, & vrai tour de figaro du Deuzan.

Dans la matinée qui fuivit mon arrivée, je me préfentai chez le comte Ogara, qui, ainfi que jai déjà dit, occupoit un appartement au palais. J'exhalai en fa préfence, avec une refpectueufe & pénétrante amertume, mes plaintes contre fon exécrable fecrétaire.

L'exhibition du certificat de l'hôteffe & du poftillon de bon avis, me fervit à appuier une auffi étrange affertion. Je repréfentai au refpectable vieillard l'indifpenfable néceffité de purger fa maifon d'un pareil ferviteur.

À linftant, le déchirement de mon âme redouble, à l'afpect du vieux Comte, fondant en larmes ameres : cet homme, fécria-t'il avec l'accent du trouble & de l'effroi, fait toutes mes affaires. Il m'eft impofible de le renvoier.

Cependant le tremblant vieillard mande fur le champ ce méchant valet. Celui-ci paroit. Alors commença une fcene que les lecteurs les moins fcrupuleux trouveront tout au moins rifiblement affreufe.

Comment, dit le maître, avez-vous pû avoir l'audace de coucher avec Rofe ?

A l'aspect du certificat, l'infernal Deuzan ré-
plique, que Mademoiselle Rose avoit peur des
revenans, & qu'elle avoit appréhendé de coucher seule dans le cabinet!

Eh! interrompi-je, il falloit y faire coucher
la servante! Elle n'avoit confiance qu'en moi,
répondir le Deuzan avec une affectation de
niaiserie dont je doute que son vieux maître
n'ait point percé la rare impudence.

A présent qui n'aura pas besoin de faire
d'étranges commentaires, pour se rendre à lui
même raison du motif qui aura pû empêcher
le vieux comte de congédier sur le champ ce
domestique!

Je professe que jamais je n'ai eû, ni même
cherché la clef de cette singuliere énigme;
& que je n'ai attribué, ni jamais n'attribu-
rait tant de foiblesse qu'à l'espece de molesse
qui caracterise, dans un grand nombre de viel-
lard, la rechute de l'homme dans l'enfance qui
remplit les premices de savie.

Livré, après cette scene à une forte de rage,
mes résolutions d'abord se heurterent en mille
sens contraires.

Enfin je me fixai au parti de recourir à lé-
quité reconnue du Prince Charles de Lorraine:
je dressai un placet où les faits étoient exposés avec une naïve indignation. Je suppliai son
A. R. de déterminer le Comte à chasser Deuzan.

Cependant je retournai chez Monsieur Ogara,
dans l'intention de lui communiquer, préala-
blement à toute démarche, le placet en quel-

tion. Deuzan se trouva dans l'antichambre de ce Seigneur : informé, à ce qu'il me parut, de l'espèce des choses contenues dans l'écrit que je tenois en mains, ce maraud s'avança pour me l'arracher. Si vous parlez, me dit-il, avec arrogance, *de ce qui s'est passé, je saurai m'en vanger en vous perdant.*

Ce discours, l'action dont il fut accompagné, firent bouillir mon sang. Dans le premier mouvement d'une colere au moins pardonnable, je fis tomber d'un croc en Jambe mon *figaro* sur un sopha. Il se releve, il se précipite vers la porte. Il l'ouvre ; tremblant il court chez l'officier commandant de la garde du Prince: il m'y accuse effrontément, non pas d'avoir voulu tuer lui Deuzan qui n'en valoit pas la peine, mais mon cher & respectable parent que je n'avois pas même vû depuis mon retour au palais !

Abusé par ce coquin, l'officier qui ne pouvoit quitter son poste, me dépeche deux hallebardiers pour me mener à lui. J'y vais : je trouve un mortel prévenu par le serviteur aux écritures de mon parent, qui me prie de respecter la tranquilité de celui-ci, & m'enjoint de me retirer chez moi.

Qu'ant à Monsieur le Comte Ogara, repondije avec calme à l'officier, je suis bien éloigné de faire la moindre chose qui soit dans le cas de lui déplaire ; je suis son parent & son serviteur. Je vous signifie, Monsieur, que je n'ai eu de discussion qu'avec un homme qui est son

domeſtique ; & qui m'a bien étrangement of-
fenſé. Au reſte, je me retire chez moi.

A l'iſſue de cette ſcène, l'imprudent figaro
de mon parent, ſe dépecha d'aller joindre ce
même Plunkett, commandant de la ville d'Anvers, & protecteur intéreſſé de Roſe & du
grand frere de celle-ci. Enſuite, & ſans perdre
de tems, ces deux malheureux, à force d'im-
poſtures, ſurprirent au Comte de Staremberg, un ordre tel qu'en font partout les miniſtres diſpenſés de répondre à la loi de leurs
actions : ordre en vertu duquel trente fuſiliers
vinrent dans mon auberge, d'où ils me condui-
ſirent en priſon ignorant à leur ordinaire, qu'ils
commettoient une horreur.

Durant vingt & un jour, je reſtai au ſecret.
Au bout de ce terme, ſans qu'il m'eut été
intenté d'accuſation, ſans avoir connu d'accuſa-
teur, vû de juge, été notiſié de ſentence où
d'arreſt, je me vis placer dans une berline attelé de quatre chevaux, & conduit ſous l'eſcorte
de cavaliers de Maréchauſſée, j'uſqu'à la frontiere. Parvenu ſur les limites de la domination
Autrichienne, il m'y fut militairement fait
injonction de ne pas approcher de la ville de
Mons, ou étoit Roſe. Quoi ! cette Roſe que
j'aurois fui par de-là les mers, depuis quelle
s'étoit l'aiſſé ſouiller, & par un Deuzan !

Ce fait atroce & énigmatique eſt préciſément
celui qu'un vil ſoi-diſant Marquis & Baron
de Carondelet, aujourd'hui mari, à ce
qu'il croit, de l'horrible Roſe, dans une adreſſe
qu'il a eu la ſottiſe d'adreſſer à l'auguſte

Affemblée Nationale, a eu la méchanceté de transformer en un baniffement légal, prononcé contre moi dans les pays-bas Autrichiens.

Ah fi j'euffe eû, comme ce gentillatre, une ame intéreffée & de boue, fi j'euffe été avide comme Rofe & comme le frere de celle-ci; que l'infâme Deuzan m'eût bien différemment fervi auprès du malheureux & refpectable parent que l'affoibliffement de fes facultés avoit-mis à fa merci!

Nommé par le nonogenaire que ce mauvais ferviteur gouvernoit, ou plutôt par ce vicieux ferviteur lui-même, légataire de mon infortuné parent, Deuzan auroit reçu de moi, dans l'horrible nuit de l'intrigue, & l'oubli de l'outrage que fa lubricité l'a induit à me faire, & les quarante-mille livres que Plunkett & fa fœur lui ont lâchement donné fous la condition, diffimulée mais réelle, qu'il emploiroit l'afcendant qu'une longue familiarité lui affuroit fur un vieux Seigneur, pour qu'ils puffent en recueillir la fucceffion! Mais il me refte du moins un avantage fur tous ces fpoliateurs : c'eft que la manifeftation de mes longues infortunes qui furent leur ouvrage, va les faire pâlir au milieu de mes dépouilles; & que les derniers jours du lâche Deuzan, actuellement retiré à Nancy, ne peuvent plus, à défaut du châtiment, être garantis de l'opprobre & des remords, par la criminelle & ignominieufe aifance qui eft le fruit de fes forfaits!

Mais une jufte indignation m'a fait omettre

d'apprendre au lecteur, qu'avant ma tranflation à la frontiere de France du fonds du cachot où les intrigues du Deuzan venoient de me faire plonger, en ma qualité d'officier au fervice de France, j'avois formellement réclamé l'intervention & la protection du miniftre de cette couronne, M. le vicomte d'Adhemar.

Je le dis a regret, mais je le dis avec vérité, ce courtifan paffa en cette occafion fi complettement pardeffus le plus faint & le plus élémentaire des devoirs de fa miffion, qu'il fe rangea du parti de mes oppreffeurs.

Arrivé à Valenciennes, j'adreffai à ce Vicomte, une lettre qu'il eft poffible que cette excellence ait trouvé un peu lefte : je ne ménageai point davantage dans une autre dépêche, fous même date, le commandant d'Anvers.

J'appris à Valenciennes, avec le frémiffement de la probité calomniée, que j'avois été, à mon infue, accufé de m'être mis en poffeffion d'un paquet de lettres écrites par une grande dame au Comte Ogara, réputé depuis long-temps d'en être devenu l'époux (*a*).

(*a*) *En cet endroit du récit de M. Macdonagh, je lui demandai, si les lettres dont il s'agit, avoient jamais été en sa possession?* Quand cela feroit, *me répliqua-t-il*, je n'étois point fait pour en méfufer. *Il y a environ vingt-cinq ans, que j'ai entendu faire en Flandres, bien des commentaires à l'occasion d'un mariage* fecret *entre*

Cette

Cette attroce suppofition peut bien avoir fourni un beau prétexte, à des co-héritiers prétendus, affez livrés à l'appas des richeffes pour vouloir me perdre; à un Deuzan leur complice; mais fi un pareil enlevement à eu lieu, il ne peut être que l'ouvrage de ce perfide valet. Il feroit affez fimple que ce *Figaro*, efpérant échapper aux effets de mon jufte reffentiment, eut commis à fon maître cette infidélité fyftématique pour pouvoir m'en charger : & cette exécrable calomnie peut bien enfuite avoir été appuyée par les Plunkett, foit le commandant d'Anvers que je menaçois d'un mémoire fanglant contre lui, dans la lettre que je lui écrivis de Valenciennes; foit ceux d'Irlande, auxquels Deuzan a ménagé la fucceffion de fon trop crédule patron.

Piqué de la lettre que je lui avois adreffé,

---

la grande dame & le feu Comte Ogara. Cette opinion même y servoit à justifier, aux yeux du public fort moral & fort religieux de ces contrées, la longue intimité qui subsistoit entre cette dame & le Comte : toujours judicieux à leur ordinaire, nos ci-devant ministres auroient-ils crû qu'il valoit mieux qu'un infortuné militaire périt dans un cachot, que de voir échapper des preuves d'une union qui mettoit une dame respectable à l'abri de toute réflexion scandaleuse ? Les grands hommes d'état, les prudens serviteurs qu'avoit alors Sa Majesté! Note du rédacteur.

D

Monſieur d'Adhemar a bien pû adopter indiſcrétement le ramas de leur calomnies; il les fit du moins entrer dans une dépêche à laquelle il annexa l'épitre qu'il avoit reçu de moi. Prévenu par les mêmes impoſteurs, le miniſtre Staremberg de Bruxelles, écrivit auſſi à celui de Sa Majeſté à Verſailles. Ce chorus d'hommes paſſionés oû ſurpris, implora contre moi une lettre de cachet, en vertu de laquelle je devois dabord être détenu dans la citadelle de Valenciennes.

Le complaiſant Comte de Vergenes eut recours au miniſtre de ce département, afin que celui-ci étendit à toutes les places fortes, le commandement de mon arreſtation. Perſonne aujourd'hui n'ignore que les miniſtres d'alors, toujours diviſés quand il étoit queſtion du bien, offroient, quand, au contraire, il s'agiſſoit de nuire, un admirable concert entre-eux : heureuſement pour moi, il exiſtoit à cette époque, dans le régiment de Berwick, en garniſon à Valenciennes, un homme de qui l'ame n'avoit rien de miniſtériel.

Monſieur O moore, après m'avoir donné à diner, me fit ſecrétement part du péril ou j'étois. Je me hâtai de ſortir de la ville; & je gagnai d'un ſeul trait ce même relai de bon avis, où peu de temps auparavant m'avoit été ſi inopinément révélée toute la turpitude de l'infortunée Roſe !

J'y paſſai une nuit durant laquelle cette flétriſſante image ne ceſſa de me pourſuivre. Je guettai la diligence de Paris; elle paſſa, je m'y jettai ; & j'arrivai le 25 Janvier 1776, dans cette Capitale.

En cet endroit de mon récit, je crois devoir quelques momens de repos à la sensibilité de mon lecteur. Il va avoir à s'indigner d'une maniere encore plus pénible sur d'autres faits atroces, qui n'ont été que les conséquences de ceux que je viens de lui exposer : il est juste de lui laisser reprendre haleine.

SECONDE PARTIE.

Durant la route que je venois de faire, j'avois mûri dans mon esprit une idée qui fut mise à exécution dès les premiers instants de mon arrivée à Paris : je voulu connoître, dans sa plus effrayante vérité, toutes les circonstances de mon sort. Pour cela, je volai d'abord à Versailles, j'eu la bonne fortune du moins de m'y adresser à un des commis des bureaux, qui eut la franchise & la générosité de m'instruire. J'appris de lui que rien n'étoit plus positif ni plus précis que ces ordres sur lesquels le sentiment de mon innocence & de mes injures m'inspiroit des doutes. Il m'avertit que bien sûrement le Lieutenant-de-police me faisoit chercher dans Paris. Un avis de ce genre, & donné par un personage de cette classe, me détermina au parti qu'on va voir.

§ I.

Voyage précipité à Londres, mes premieres démarches défensives.

Il faisoit un froid très-rigoureux, mais le danger qui me menaçoit ne permettoit point de consulter les saisons. Je me rendis précipitamment à Rouen: j'y vis dans le port, les navires enchaînés par les glaces. Je gagnai Dieppe avec l'espoir de pouvoir de là me réfugier en Angleterre: je me donnai bien de garde de tenter de m'y rendre par Calais; je craignois trop de m'y trouver consigné & signalé. Cependant les glaces qui engorgeoient aussi le Hâvre de Dieppe, me réduisirent à chercher cette autre voie.

Forcé de le faire, je m'adressai au digne abbé Macdermoth, pour que celui-ci m'obtint du Lord Stormont, ambassadeur d'Angleterre à Paris, un passeport sous le nom de Denison.

En arrivant à Calais, j'y trouvai ce passeport à l'adresse convenue, *poste restante*.

A peine fuje entré d'une demie heure dans le paquebot, que j'y vis descendre un sergent à la tête de douze fusiliers; je me crû découvert. Cette escouâde y cherchoit un Anglois enrôlé quelques jours auparavant par un recruteur du régiment de Dillon. Le commandant commit d'abord le quiproquo de supposer que j'étois l'homme quil avoit ordre de saisir; j'eus recours à mon passeport; & heureusement pour moi M. le sergent voulu bien reconnoître sa méprise.

On mit à la voile: à peine le navire fut au milieu du pas de Calais, que le vent changea. Un orage mélé de foudres & d'éclairs agita si fort la mer que le patron prit le parti de l'abandonner au gré des vents: la providence nous fit aborder à Deal dans le comté de Kent. Je me joignis à un autre paſſager pour louer en cet endroit une voiture, dans laquelle nous arrivames à Londres, le 1er de Février 1776.

Heureuſement environné da la ſureté publique dans cet azile de la liberté, alors l'unique en Europe! j'eu encore le bonheur d'y rencontrer MM. Ohara capitaine de Haut-bord, le capitaine Higins neveu de l'amiral Ohara, tous deux mes parens. le récit de mes infortunes les pénétra. Ils partagerent ſur-tout mon indignation, comme ils avoient déja partagé ma douleur, lorſqu'il me parvint du continent la nouvelle que M. le comte Ogara, décédé en état d'imbécilité d'eſprit, avoit avant de mourir, été induit par l'abominable Deuzan à faire en faveur de Roſe & de ſon frere, un teſtament ou tous mes droits à ſon heredité, étoient oubliés.

Ces deux bons parens, par les ſecours généreux quils me préſenterent, me mirent du moins en état de capituler de Londres, avec le miniſtre de France, ſur la lettre de cachet devant laquelle j'avois été contraint de fuir. Enfin M. le Comte de Vergenes, le plus ſiſtematique des courtiſans & des temporiſeurs, me manda de ſa propre main, que je pouvois en toute ſureté revenir à Paris

J'eu la bonhomie de m'en rapporter à cette aſſurance. Après huit mois de ſéjour à Londres, je revins à Paris. J'y fus particulierement ramené par le deſſein de mettre de juſtes oppoſitions aux payemens des rentes, laiſſées en vertu de l'inconcevable teftament du feu Comte Ogara, à Randel Plunkett *aubain*, & à Rofe Plunkett *aubaine*, au préjudice de moi, parent beaucoup plus proche & non *aubain*.

Un correfpondant que j'avois eu le bonheur de me ménager à Mons, venoit auffi de m'informer que l'avide & effrontée Rofe étoit fur le point de fe marier avec un Comte D'effez de Namur; & que, en attendant cet hymenée, elle étoit chez le Marquis de Trafignies près de Marimont.

A la lecture de cette lettre, mon jufte reffentiment s'étoit rallumé, mon fang avoit bouillonné dans mes veines; & le fentiment moral avoit pris dans ma penfée une forte d'action convulfive.

Rofe, me dis-je, eft peut-être à l'inftant d'abufer un honête homme qui n'a pas plus mérité de l'être que moi !

Dans cette affligeante idée, j'écrivis à cette femme affreufe, que, auffi long-tems dumoins que le ciel me donnerai vie, bien certainement elle n'épouferoit qui que ce foit. Si vous ofiez ajoutai-je, fouler aux pieds la nature, la religion & les loix; comptez fur une pourfuite juridique de ma part. Et pour quil ne vous foit point poffible d'en courir les rifques, je vais écrire à l'Archevêque de Malines & au curé de Ste. Vautrue de Mons, & leur fignifier d'avance mes oppofitions à tout nouvel attentat en ce genre de votre part.

La criminelle Rofe ne fit à cette lettre aucune réponfe; elle la fit au contraire paffer au Deuzan. *figaro.*

Ce fubalterne fripon fe trouva par hazard, avoir quelques liaifons avec un autre malheureux, qui, graces au hazard des richeffes & à l'aide d'impoftures hardies fur fa plus que fufpecte origine, étois parvenu à jouer en France un perfonage, œuvre de ce feul hazard aveugle. C'eft celui que je vais faire connoître, avant d'expofer la partie la plus atroce du rôle qu'il a ofé jouer pour attirer fur ma vie le torrent de douleurs dont il me refte à faire un tableau fommaire.

§ I I.

Qui & quel est Vash, se disant Walsh, cy-devant Comte de Serant. Part que cet homme commence à prendre à ma destinée.

On va voir que les actions mêmes les plus réfléchies, du perfonage que je vais commencer à mettre en fcene, que fa confiance théorique & pratique dans le pouvoir de l'or, correfpondent & au genre de fa naiffance, & à la nature des efforts efficaces dont fe font avifés fes devanciers pour pouvoir lui en laiffer beaucoup.

Je le repete, rien n'eft plus oppofé à mes principes, que d'aller rechercher l'extraction d'un homme, pour lui en faire un fujet de reproche. Jamais je n'éprouvai la moindre peine à confentir que la préférence à tous égards foit affignée au mérite perfonel fur routes les chances d'origine. Mais lorfqu'un mortel fe fait de la fuppofition de celle-ci, un titre pour fe gonfler lui même & pour opprimer autrui, alors il me donne le droit d'effayer de faire difparoître le preftige dont cherchent à s'étayer fa méchanceté & fon impudence.

C'eft dans cet efprit feul, que je vais aprendre à beaucoup de perfones, & que très-vraifemblablement je ne ferai que rappeller à nombre d'autres, que le ci-devant Comte de Serant jamais ne fut gentilhomme; qu'il eft bien au contraire, le fils du fieur *Walsh* autrefois négociant à Cadix, enrichi par le commerce, & depuis acquereur de la fuperbe terre de Serant fize fur les confins de l'Anjou & de la Bretagne.

Dans l'appréhenfion que les qualifications tout à fait modernes & hazardées de cette race, ne foient dans le cas de produire quelque équivoque, j'ajouterai que ce ci-devant Comte, non gentilhomme, a eû, pour oncle paternel, un Sieur, foi-difant Walfh, négociant à Nantes, qui, après quelques fervices *prétendus*, ou du moins couverts d'avance par Sir Walter Rutledge, qu'il à prôné avoir rendu à S. A. R. Charles Edouard Stuart, en 1744, a été connu, parmi les gens qui croyent tout ce qu'on leur dit, fous le titre de Lord Walsh, titre furpris tout au plus au jeune Edouard, durant l'expédition de ce Prince infortuné en Ecoffe. Si les Walsh prétendus me pouffoient fur cet article, j'ai ma réponfe toute prête.

J'ai déjà fait connoître au public par la voie des journaux, que les pere & oncle du ci-devant Comte de Serant étoient fortis d'un fieur Wash de Strasbourg. Je n'ai eû ni la petite malice ni le temps de faire à cet égard, des recherches bien précises. Mais j'ai la confiance de réitérer au ci-devant Comte, le défi le plus formel de produire aucun acte autentique & sincere de *baptéme* où de mariage, qui contredise ce que je viens d'avancer.

Je le défie encore très-expressément, de produire une généalogie légale, dont les résultats soient d'établir la moindre liaison entre l'existence d'aucun de ses ayeux, démontrés tels, & la possession d'aucune propriété en Irlande, en Ecosse où en Angleterre ; & je le laisse d'ailleurs le maître d'aller reconnoitre un patrimoine en Judée.

Quoiqu'il en soit, ce ci-devant Comte a épousé une Demoiselle de Choiseul très-aimable ; il est devenu colonel ; *il à monté dans les carosses,* & il est aujourd'hui, par laps de temps, devenu officier général.

Grand bien lui fasse ! Mais après qu'on aura vu plus bas, que jamais, dans la hiérarchie militaire, il n'a existé la plus petite dépendance de moi à lui ; sans doute on concevra que ce *croquant* n'a pû parvenir à figurer dans la triste histoire de ma vie, autrement que par les conséquences éventuelles de l'insigne bassesse par laquelle il s'est d'abord fait connoître de moi.

En finissant la section précédente, j'ai dit que Rose, au lieu de répondre à la lettre que je lui avois adressé de Londres, l'avoit transmise à *Figaro* Deuzan. J'ajouterai ici, que ce valet étoit dès-lors en correspondance avec M. Walsh originaire de Strasbourg ou de Jérusalem ; & que ce dernier, auquel la fortune n'avoit cessé de sourire, depuis deux générations, d'une maniere trop enivrante pour qu'il eut pû faire des réflexions bien précises sur l'honneur, vint me proposer une somme d'argent, pour obtenir de moi tout désistement de mes droits sur la persone de Rose Plunkett.

A l'ouverture du peu délicat colonel, je repliquai qu'il n'y avoit que la loi qui pouvoit avoir la force de me désunir d'avec Rose ; que j'étois sans contredit très-capable, & on ne pouvoit plus disposé à abandonner une femme souillée & parjure, mais non point à la vendre.

Je lui dis encore, qu'il ne pouvoit manquer d'être informé que jamais Rose n'avoit eû de sujet de se plaindre de moi ; au lieu qu'une anecdote de son passage par le relai de bon-avis, m'avoit completement donné le droit de la méprifer, sans que je crusse pour cela avoir acquis celui de trafiquer de ses charmes.

Rose, ajoutai-je, calcule ses intérêts d'une part ; de l'autre elle déteste le couvent. Elle croit après sa perfidie, que j'exigerai qu'elle aille s'y cacher, j'en suis fâché : mais sur cet article & dans nos loix, toute composition est impossible entre un homme d'honneur & une femme qu'il regarde comme la sienne.

Après que cette deshonorante négociation eut été tentée sans pudeur par le Vash, & quelle eut échoué en conséquence de mes principes, Rofe eut recours à uue efpèce d'abbé ami du ci-devant Comte.

Celui-ci fe nommoit ô Kelly. Il avoit été Jéfuite, & il étoit devenu le confeil de Rofe. Jadis pédagogue du Comte *Vash*, cet abbé ô Kelly joignoit à un extérieur doucereux & fimmétrique, & à une vieille renommée de génie de collége, une âme fiftematiquement inquifitoriale.

Cet intrigant, fans doute d'après le refus de ma part de l'argent offert par fon éleve, opina quil feroit plus efficace de préfenter l'amorce que je venois de dédaigner, à quelque homme en pouvoir & d'humeur a me faire enfermer.

On débuta par s'adreffer à Meffieurs Amelot & de Vergennes. Ces deux *demi-visirs* refuferent l'ordre qu'on leur demandoit.

Envain le Comte *Vash* traina dans les antichambres refpectifs de ces deux hommes d'état, & fes titres & fes talons rouges, & fes juftes aux corps de Gala; il en fut pour fes courfes.

Le feu chevalier d'Arcy, de l'académie des fciences, en préfence de notre allié, *Sir James Rutledge*, m'inftruifit de toute cette vaine pantalonade de follicitations de la part de l'écolier du Jéfuite ô Kelly : enforte que j'étois déjà paffablement indifpofé contre le Sieur Walsh, lorfque la providence mit dans le chemin de ce dernier, une occafion de mettre à couvert de mon jufte reffentiment, fon infigne poltronerie caractériftique, & de fervir en même temps les vues de Rofe & de l'ex-Jéfuite fon confeil.

Le régiment, ci - devant Roſcommon, à préſent Walsh, avoit ſubi une ſuppreſſion totale. Le crédit du Walsh parvint à le faire remettre ſur pied : une ordonnance relative, émanée du département de la guerre, décidoit que les officiers réformés des divers régimens de la brigade Irlandoiſe y ſeroient admis par rem-placement.

En conſéquence des diſpoſitions de cette ordonnance, j'avois des droits inconteſtables. J'entrepris de m'en prévaloir, *Walsh* les re-pouſſa : je lui en dis ma penſée ; ce brave colonel en préſagea les conſéquences. Voilà mon homme qui court, & qui implore, du fameux *Prince de* Montbarrey, *ce firman des-potique* que les deux autres miniſtres venoient de lui refuſer !

Ce fut un *après-dîner*, que le Montbarrey expédia cet ordre. A jeun, peut-être ſe fut-il apperçu que le Walsh, qui ne vouloit point devenir mon colonel, ne lui fourniſſoit, ne l'étant point alors encore, aucun prétexte de me faire enfermer. Mais ce bon miniſtre ne devoit nullement les bourgeons dont ſon viſage étoit tapiſſé, à ſon aſſiduité a bien diſtinguer dans ſon département, ſoit les cas ſoit les per-ſones.

Je vais raconter ſommairement, les particu-larités de l'exécution de cet ordre, dont les con-ſéquences ont été pour moi auſſi atroces que cruelles : j'augure que, même ſous l'ancien régime, le tableau que je vais en tracer eut été capable d'oppoſer les remords de l'humanité,

au penchant & à [la férocité impérieuse de
l'ivrognerie, dans l'âme d'un amant assidu de
la *Regnard*, & du Tokay.

§ I I I.

*Epoque de ma translation au fort des Isles
Sainte Marguerite, horreurs & calomnies pra-
tiquées contre moi, par le geolier Robaud.*

Le 10 Avril 1777, au sein des ténebres de
la nuit, le repos qui commençoit à regner dans
le petit hôtel de Brunswich, rue Mazarine, se
trouve subitement interrompu : une légion
d'exemts de police & de mouchards en inonde
l'intérieur & les alentours. A la tête de cette
horde de subalternes agens de l'inquisition
parisienne, marchent le Someillier, le Chenetier
de Longpré ; entre ces deux sbires paroît le
commissaire Fontaine, auxiliaire en robe ordinaire de leurs nocturnes exploits.

Escortés suivant leur usage, ces deux valets
entrerent dans ma chambre garnie, & fouille-
rent jusqu'à la. . . . . Je tranche sur les détails
d'une scene semblable à toutes celles du même
genre, raportées par beaucoup d'autres victimes
où des soupçons où des complaisances des vils
& criminels délégués du despotisme aveugle.

On me saisit, on me transfere, on me met
au secret dans la prison de l'abbaye St. Ger-
main-des-prés.

Vingt jours après, les deux hideuses phisio-
nomies du Someiller & du Chenetier s'y remon-

ifereht. Ces deux ferviles inftrumens d'une multitude de forfaits clandeftins, jetterent fur moi leurs finiftres regards. Ils me chargerent de fers, me firent trainer vers une voiture attelée de chevaux de pofte qui attendoit en dehors des guichets.

Placé entre ces deux ftipendiaires de l'infâme & toute puiffante Police, dans l'ombre de la nuit dont le filence n'étoit interrompu que par le cliquetis des foixantes livres de fers dont il venoient de me faire charger, nous commencames à rouler. Nuit affreufe fans-doute, mais propice dumoins, en ce qu'elle me délivra jufqu'au retour de la clarté du jour de l'odieufe afpect de ces deux gredins !

Ce fut face à face de ces deux mafques, que je fis enfuite tout le chemin de Paris jufquà Autun. Abforbé durant toute cette partie de la route, cet efpoir dont la célefte bonté fait ici bas le tréfor des malheureux, fe foutint dans mon cœur en dépit de ces *vis-à-vis* flétriffans. Enfin je concus & la poffibilité & le deffein de m'échapper de leurs mains.

L'énorme poids de la chaine dont ces efclaves avoient ceint mon corps, celui des fers dont ils avoient enlacé mes mains, entretenoient en eux une brutale fécurité, analogue à la férocité de leurs vénales fonctions. J'en profitai pour m'évader; & couvert de fers, j'ofai fauter du haut-en-bas de l'antique rempart d'Autun.

Le choc que j'éprouvai dans ma chûte, me ravit l'ufage de mes fens. Mon évanouiffement ne fe termina qu'au bout d'une heure ; revenu à moi, je retrouvai affez de forces pour me trainer jufque dans la foreft à laquelle cette ville a donné fon nom.

Prévenu qu'au fein d'un peuple efclave, l'opprimé eft confondu, par lignorance ou l'infouciance, avec le criminel, je me cachai dans ce lieu fauvage. J'y demeurai toute la nuit & tout le jour auquel elle fit place. Deux habitans des villages d'alentour dont j'implorai alors la pitié, coururent chez un maréchal logé a peu de diftance, en raporterent des limes, & s'en fervirent pour me délivrer de l'efpece barbare de livrée de la tirannie, dont il eft arrivé aux horribles Lieutenants-de-Police du pays de l'univers où l'on s'eft plus vanté d'être doux, de charger bien d'autres individus innocens & honêtes que moi.

Malheureufement un troifieme payfan, qui peut-être avoit été valet dans la Capitale, appercut cet acte d'humanité. Le miférable courut en faire la relation aux deux exempts. Il dit a ces derniers, que jétois caché dans le bois ; que vraifemblablement je n'en fortirois qu'à la nuit ; & que dans ce cas, la route qu'il m'arriveroit naturellement de fuivre, ne pouvoit manquer d'etre celle de Châlons.

Gratifiés de fix bonne milles livres, par le lâche *Vash*, tant pour me conduire au fort des Ifles-Sainte-Marguerite, quepour prendre d'une maniere que ce vil parvenu avoitpréfumé capable de porter atteinte à mon honneur, acte d'une préfentation de ma perfone à Bicêtre, Sommeillier & Chenetier, informés par le payfan, fe hâterent de diftribuer quatre cent livres à d'autres gens de la campagne, pour me faire cerner, comme fi j'euffe été un hyene ou un tigre, dans le lieu où on venoit de leur indiquer que j'étois.

Toute la Maréchauffée de la ville d'Autun marcha dans cette expédition contre un déplorable & innocent gentilhomme, que probablement les deux limiers de police ne manquerent point de repréfenter comme un de ces fcélérats, dont il eft de l'intérêt de l'humanité de purger la terre.

La crédulité de tous ces bons vilageois, ne feconda que trop aveuglément les inftrumens odieux & cupides de l'avarice de Rofe, & de la poltronerie, converte du mafque hypocrite de l'amour de l'ordre, du plat Comte de Serrant.

Je fus livré à ces monftres ; & au moyen d'un redoublement de précautions dignes de leur férocité, ces deux lâches & ignominieux coquins vinrent à bout de me remettre, fans aucun autre danger de ne point gagner leurs honoraires, entre les mains d'un fieur Robaud, commandant alors du fort des Ifles Sainte-Marguerite.

Robaud, homme infâme, déplacé depuis par M. le Maréchal de Ségur, même du pofte aviliffant de geolier qu'il occupoit, à force d'extorfions odieufes, Robaud, à l'inftant même de mon arrivée, fit retentir contre moi la trompette de la calomnie dans tout fon fort.

Ce miférable y débita fans pudeur, & y fit fervilement débiter par les machines infenfibles & malfaifantes, qui dans ces lieux,

faifoient

faiſoient l'office des *bostangis* ou des *muets* à Conſtantinople, que j'étois un conſpirateur contre l'état, un eſpion des Anglois !

En même-temps il fit publier, que le mortel, quel quil put-être, qui viendroit à être pris à me faire paſſer aucune lettre, étoit condamné par le Prince de Montbarrey à une clôture dont ſa mort ſeroit le terme.

Tandis que Robaud me calomnioit ſans meſure & ſans ſcrupule, le ſcélérat mettoit en œuvre à mon égard la violence, dans un ſens qui ne me laiſſoit aucun doute que ce ne fuſſent les crimes de Roſe Plunkett qu'il avoit reçu ordre de ſeconder. Il me fit arracher le *dédit* en double que cette femme avoit exigé de moi, au monaſtere du Port-royal. Je dirai ici, afin de n'avoir plus à y revenir, que ce ne fut qu'au bout de cinq années d'incarcèration que je fus confirmé dans cette idée, en apprenant que cette gorgone, en dépit de mes oppoſitions ſignifiées à l'Archevêque de Malines & au curé de Ste. Vautrue à Mons, avoit eu, deux mois après mon enlevement, l'effronterie d'épouſer, comme fille libre, un Sieur Carondelet.

Je ne puis plus douter aujourd'hui, que des grands perſonages n'ayent poſtitué leur crédit & leur protection, pour que des oppoſitions auſſi poſitives & auſſi légitimes, ſoient demeürées vaines & ſans effet. Enſeveli, en conſéquence de l'impunité dont ſe flattoient mes oppreſſeurs, dans le cachot ou le fameux *masque de fer* avoit avant moi été long temps oublié, comme

E

dans un tombeau, *l'Egiste* & la *Clitemnestre* de ma douloureufe avanture me fuppofoient équi-valement au rang des morts.

J'ai même quelque lieu de préfumer qu'on avoit eu, à cet égard, la hardieffe d'en impofer à la feue Impératrice Reine-Marie-Thérefe. Autrement, comment me feroit-il poffible de m'expliquer, par quel hazard après que j'eut adreffé de Londres deux placets à cette Sou-veraine contre Rofe, & contre Plunkett com-mandant d'Anvers ; après que cette Princeffe eut chargé fon ambaffadeur de m'affurer que j'aurois juftice , il n'en a néanmoins rien été.

Affurément cette Princeffe, févérement reli-gieufe dans tous les actes vifibles de la fin de fa carriere, n'a pu confentir à ce que Rofe fortit de fon couvent de Mons pour s'unir à Carondelet, que dans la préoccupation ou on à pu la mettre, que la pitié célefte avoit mis fin à ma déplorable vie !

Ce que je viens de raporter me conduit à placer ici une affertion relative, qui concerne perfonellement Carondelet.

Ce lâche mortel, ce foi-difant tantôt Comte tantôt Marquis, qui ofa il n'y a que peu de mois, prendre un ton augufte pour me qua-lifier de fcélérat, dans un abfurde pétition à l'Affemblée-Nationale, ce miférable indigne de porter la livrée militaire d'un pays d'où la juftice & l'honneur ne font pas bannis, a fu, deux mois après ma tranflation à l'Ifle Sainte-Margüerite, lofqu'il époufa Rofe, que cette femme avoit un mari exiftant, un mari fa dûpe & fa victime ! Le coquin l'à fu, car de fa main, il a écrit à M. La Foffe, négociant à Valenciennes, une lettre qui ne permet pas de penfer qu'il l'ignorat; j'ai cette lettre en original, & je la produirai.

Je préviens mes confeils & le public, que le fentiment d'horreur qu'une pareille lâcheté m'a infpiré, m'a décidé à prévenir Meffieurs les officiers du régiment de Poitou, que Carondelet eft un fcélérat fans pudeur, & un poltron, quil va de leur honneur de chaffer de parmi eux; & j'honore trop fincérement, en ces Meffieurs, mes camarades & mes égaux, pour douter un feul moment quils ne fe défaffent de cet homme. En voila affez fur fon compte; j'en reviens à mes malheurs perfonels.

§ I V.

Infamies & cruautés exercées contre moi, par le geolier Montgrand fucceffeur du geolier Robaud.

Lorfque, acquérant chaque jour un degré plus grand de fcandale, les extorfions du geolier Robaud eurent bien démontré au miniftre de la guerre, que ce protégé de M. de Montbarrey étoit complettement indigne même du pofte aviliffant qu'il occupoit, on fubftitua à ce boftangi un Sieur de Montgrand. Ce changement eut lieu fous l'adminiftration plus fobre & plus févere de M. de Ségur.

J'ai toujours ignoré quelles instructions avoient
pu être données à ce dernier, relativement à
ma perſonne & au délit, aujourd'hui encore
inſcrutable pour moi, qu'il avoit bien ſallu
m'attribuer; mais en conſidérant les conſéquences
atroces de cette calomnie, j'ai ſans doute lieu
d'augurer que j'ai été recommandé à ce ſucceſ-
ſeur de Robaud, comme un ſcélérat qui n'étoit
digne d'aucune pitié, & capable des plus
extraordinaires entrepriſes pour parvenir à recouvrer la liberté de pourſuivre ſes attentats.

Enfoncé, comme j'ai dit ailleurs, dans l'im-
pénétrable cachot qui, au ſiecle dernier, ſervit
durant un temps à dérober au ſouvenir de tous
les humains, le fameux maſque de fer qui
à donné occaſion à tant de conjectures; à la
rigueur avec laquelle j'y étois encore ſurveillé,
on auroit dit que mon exiſtence étoit, ainſi
qu'on a préſumé à l'égard de la ſienne, dans
le cas de cauſer au Prince des ombrages ou des
repentirs.

Du moment où Montgrand eut été mis en
poſſeſſion de l'empire de ce tirannique ſéjour,
je m'apperçu qu'il y avoit encore quelques
étincelles d'humanité dans l'âme de Robaud.
Le premier commanda des revues journalieres
des grillages répetés dans l'énorme épaiſſeur
du mur, qui ſervoient à me tranſmettre tout
au plus un crépuſcule équivoque, lorſque tous
les dehors recevoient la clarté la plus vive
du jour.

Dans l'appréhenſion que quelque génie, ou quelque Fée ne me mit dans le cas d'y receler quelque

outil tranchant, le misérable faisoit, deux fois par jour, fouiller mes vêtemens; il ordonnoit qu'on me dépouillât même de la chemise; & jusqu'à mes chaussures étoient visitées par les malheureux que la dureté de leur sort réduisoit à prêter, dans ces antres, leurs mains à tourmenter d'autres infortunés.

A ces perquisitions outrageantes pour l'humanité & la pudeur, succédoit, avec la même régularité, la recherche minutieuse de chacun des articles qui composoient l'ensemble du coucher sale & grossier qui couvroit mon grabat.

Alimens, boissons, assiettes, vases, étoient visités & tournés, tant à l'entrée qu'à la sortie de mes guichets; il ne m'étoit pas permis d'avoir recours pour ma nourriture, à aucun autre mortel que le gargotier mal-propre & fripon, dont Monsieur le commandant avoit fait son tributaire.

Au sein de toutes les douleurs dont j'étois abreuvé, un rire pénible de pitié & d'horreur dut se peindre sur mes lèvres, lorsqu'il m'arriva d'apprendre par un des guichetiers, que toute ces fouilles avoient pour but de s'assurer, qu'on n'eut point glissé au fonds de mon potage, ou enterré dans la mie du pain grossier qu'on me servoit, un ressort de pendule ! Instrument au moyen duquel le Montgrand, moins féroce encore que peureux, avoit la sotise de croire que je pourrois couper les énormes barreaux multipliés sur toute la largeur de mon unique & étroit soupirail.

E 3

Durant tout le temps d'une auſſi longue &
auſſi horrible ſépulture, jamais je n'ai pu obtenir
la faveur d'avoir en ma diſpoſition encre, plume
& papier. Ces reſſources ſont celles que les
Montgrand ont pour principe de ſouſtraire plus
ſoigneuſement à un priſonier : ils ſavent en
premier lieu, qu'elles peuvent lui offrir des con-
ſolations ; mais encore plus, qu'elles peuvent
mettre à ſa portée de tenir un journal exaƈt &
précis des vols qu'ils lui font, ou des horreurs
dont ils le raſſaſient. Ils craignent que des
barbaries tracées ſur le papier, avec des dates
& dans toute leur ſérie progreſſive, ne ſervent,
à raiſon de ce caraƈtere, à jetter un jour im-
portun & frapant, ſur toutes les cruautés addi-
tionelles dont leur avarice ou leur puſillanimité
ſurchargent le long ſupplice qu'ils ont reçu
commiſſion de faire ſubir.

Boucles de ſouliers & de jarretiére, agraffe
de col, montre, eſpeces m'avoient ſoigneuſement été enlevées, comme autant de moyens de
corruption qu'il eut été imprudent de laiſſer
entre mes mains : car les tyrans en ſous ordre,
qualifient de corruption, dans l'idiome propre à
leur commettans, juſqu'aux plus légers ſoulage-
mens qui ſont accordés à leurs viƈtimes, par
l'humanité attendrie & indignée.

Interpollons ici un fait, que j'ai omis de
rapporter ailleurs, & qui y trouvera très-proba-
blement ſa vraie place à cauſe de l'analogie
qu'il a avec celui qui va ſuivre. En dépit des
précautions comminatoires du Robaud, prédé-
ceſſeur du Montgrand, j'avois précédemment,

au moyen d'un sacrifice de cinq louis d'or, réuſſi à faire ſortir du gouffre où j'étois enterré, une ſupplique qui à eu le bonheur de parvenir juſqu'à la Reine; protégé par cette Princeſſe, lorſqu'elle étoit Dauphine, allié de tous côtés à des perſonages qui avoient rendu des ſervices importans & connus aux deux maiſons d'Autriche & de Lorraine dont le ſang coule dans ſes veines, j'avois eſpéré qu'elle commanderoit avec plus d'efficacité que mes injuſtes fers fuſſent briſés, qu'elle n'avoit demandé, pour moi, ſous le feu Roi, un brevet de colonel.

Sans doute mes juſtes eſpérances n'auroient pas été déçues, ſi je ne les euſſe pas formé dans le temps où M. de Montbarrey étoit encore miniſtre de la guerre : mais cet adminiſtrateur *enviné* trouva l'art de ſe diſpenſer de réparer la part qu'il n'avoit, je dis ceci pour ſon honneur, pu prendre à mon malheur que dans un accès d'yvreſſe.

Le mauvais ſuccès de l'adreſſe dont je viens de parler, ſe peignit à ma penſée ſous ces couleurs. En conſéquence, je me figurai pouvoir mieux réuſſir ſous le Vizirat de M. de Ségur, qui traitoit d'une part les affaires à jeun, & qui, d'un autre côté, ne m'ayant perſonnellement encore fait aucune injuſtice, n'étoit, ni humainement ni miniſtériellement, dans le cas de vouloir aggraver mes maux.

Graces à la ſenſibilité que l'aſpect de mes tourmens réuſſit à réveiller dans les vieilles ames de quelques honnêtes ſoldats invalides, j'obtins de ceux-ci, les moyens de pouvoir faire paſſer à M. le Maréchal de Ségur, un placet par lequel j'implorois juſtice & demandois à être relaché. Qui croiroit qu'un délit de cette nature, dénoncé ſans-doute par quelque ſecrétaire ou commis du miniſtre à Montgrand, à été auſſitôt expié par deux grands mois de ſéjour à la chaîne & ſur la paille !

Prêt à ſuccomber par l'épuiſement qui fut la ſuite d'un traitement auſſi inhumain, le miſérable me refuſa enſuite les remedes indiqués pour rétablir ma ſanté, & pour me faire recouvrer mes forces.

Bleſſé à cette même époque douleureuſe, de trois coups de croſſe & canon de fuſils, que ce tigre m'avoit fait aſſenner ſur la tête ; quoique cet inſigne maraud eut empoché vingt-cinq louis qui m'appartenoient, il me fit inéxorablement refus de l'aſſiſtance d'un valet, pour me tendre à boire, dans les accès brulans de la fievre allumée par les contuſions dont il étoit l'auteur.

Si durant ces jours de ſuplice, j'avois eu les moyens d'écrire, je pourrois aujourdhui aſſigner avec préciſion les dates de ces cruautés fréquemment réitérées durant ma longne détention. J'en ai déja fait paroitres un tableau ſommaire, dans une lettre imprimée dans le journal du patriote Deſmoulins ; lettre où j'ai notifié à M. de Ségur que toutes ces quintes de férocité étoient conſacrées par ſon nom, & par le prétexte de ſon très exprès commandement. J'attens encore aujourd'hui que l'honneur & l'humanité dictent à ce Maréchal, la maniere dont il doit fe conduire pour fecouer cette forte de flétriffure.

On a pu auffi lire dans la lettre que je viens de citer, quels étoient les malfaiteurs reconnus, qui à peu de toifes de l'antre infect ou je refpirois les vapeurs d'une latrine, étoient en comparaifon traités avec douceur. J'y ai encore raporté un autre fait atroce dont je demande expreffément à faire preuve : ce fait, qui eft de ma caufe en ce qu'il bleffe les loix & l'humanité, eft celui d'un affaffinat prémédité, commis par l'exécrable Montgrand, en la perfone d'un jeune homme neveu de M. de Rocheblanche ; affaffinat exécuté à la chaîne ou Montgrand l'avoit fait attacher !

Que l'on juge des perplexités que devoit me caufer un pareil forfait, à moi dont le courage n'étoit foutenu que par l'efpoir, que la jufte providence un jour puniroit Rofe & Deuzan ; qu'elle confonderoit Walsh & Carondelet, en permettant que je reparoiffe parmi les vivans !

J'ai auffi obfervé, dans ma lettre à Monfieur le Maréchal de Ségur, que le meurtre dont j'accufe fon geolier, n'avoit été qu'une fanglante conféquence pratique d'un des axiômes familiers à ce monftre dans fes accès de jactance : puifqu'il ofoit dire qu'il recevoit, par chaque lettre de cachet, le droit de vie & de mort fur le malheureux qu'elle fervoit a lui livrer !

O vous que la révolution contredit, où qu'elle afflige ! Voyez & réfléchiffez ! Avez vous un nom affez affreux pour l'appliquer à un régime, fous lequel il à pu exifter des places, & une fiftématique impunité pour des Robaud & pour des Montgrand !

Depuis douze années & fept mois, il ne s'étoit point paffé une feule heure, fans que j'euffe trempé mès lévres dans le calice d'horreurs & d'angoifes que je viens de décrire. Déjà le coup de tocfin de la liberté s'étoit fait entendre de l'un à lautre bout de ce vafte empire, fans que je puffe feulement entrevoir l'inftant où elle arriveroit pour moi.

Au fond de mon tombeau, j'implorois comme un bienfait, cette mort dont j'avois long-temps fongé à me préferver pour voir un jour la confufion de Rofe & de fes complices. Contente de mes douleurs, la celefte bonté rejettoit ma priere, parcequ'elle préparoit à tout un grand peuple le jour de la juftice. Le décret prononcé par les repréfentans de ce peuple occupé à refaifir fes droits, arrive ! Il brife mes verroux, il difperfe les inftrument mercenaires des forfaits miniftériels, & fait tomber mes chaînes ! O citoyens ! Jugez fi je vous félicite & vous admire ; jugez fi je feconderai vos efforts équitables & magnanimes !

§ V

Questions relatives aux faits précédents.

Il eft d'abord néceffaire de faire part au jurifconfulte vertueux & éclairé, auquel on m'a adreffé, que de retour à Paris, incertain contre lequel des auteurs de mes injures & de mes longues souffrances je devois dirriger mes réclamations, j'ai eû recours au ministre de la guerre, département où le *firman* de mon long martire fut autrefois expédié.

Glacé d'horreur, en écoutant mon récit, le ministre a commandé que les regiftres des ordres du Roi fuffent ouverts, & il m'en à fait délivrer l'extrait que je joins aux autres pieces juftificatives. Le crime de ma détention y eft écrit, & affigné au fieur Vash, dit Walsh, ci-devant Comte de Serrant.

Cette piece de conviction en main, je demande.

1°. Si je ne dois pas commencer par rendre plainte contre le fieur Vash ?

2°. Si après avoir dénoncé à juftice ce calomniateur, je ne ferai point dans le cas d'y citer le fieur Deuzan, le nommé Carondelet, Monfieur de Montbarrey, afin qu'il réponde envers moi, de toutes les conféquences de l'abus qu'il a commis de l'autorité augufte qui lui avoit été confiée.

3°. Quelle efpece de raport civil peut exifter entre Rofe Plunkett & moi ?

4°. Si le teftament furpris par les artifices du nommé Deuzan, relativement à la partie de la fortune du Comte Ogara fife en France, a pu, à mon préjudice, avoir pour effet de faire paffer cette partie de la fortune du défunt à un *aubain* & à une *aubaine*.

Relativement à cette derniere queftion, j'obferve que le Comte Ogara étoit né François; que je le fuis devenu par mes fervices, ainfi qu'il réfulte d'un arrêt du Parlement rendu en pareil cas, en faveur de M. Nagle, capitaine au régiment de Walsh Irlandois.

J'abandonne aux lumières de mon conseil, le soin de discuter ces quatre points; je le supplie d'y joindre des éclaircissemens sur tous ceux dont les raisons & les motifs, pourroient résulter des faits que je lui ai exposé.

Je ne demande point au jurisconsulte qui daignera me servir de guide, qu'il seconde des ressentimens au-dessus desquels, en tatant bien mon âme, je la sens placée à une grande distance; mais je ne lui dissimulerai pas non plus, que je me croirois un citoyen bien pusillanime, bien tiede, si j'omettois de présenter à la justice, l'occasion de faire un exemple capable d'élever la barriere d'une utile & salutaire épouvante, entre les ministres & les citoyens qu'ils pourroient avoir quelque intérêt d'intrigue à broier sous le poids des richesses usurpées, ou d'un crédit dû au hazard de la naissance, ou aux ressources du *figarotisme*.

Le Mémoire à consulter qui précéde, étant achevé, j'en ai fait lecture à M. Macdonagh; l'infortuné militaire me réitéra les protestations les plus directes & les plus fortes de l'exacte vérité du contenu.

Le lendemain, M. Macdonagh reparut chez moi; il avoit en main une notice sur l'origine de M. le cy-devant Prince de Montbarrey; il en exigeoit l'insertion dans sa défense. Je lui représentai qu'il ne pouvoit ni ne devoit y être question de l'extraction de ce particulier, mais seulement du crime qu'il avoit commis à son égard, tandis qu'il avoit été ministre.

Deux jours ensuite, M. Macdonagh vint encore me trouver; pour cette fois, il me fit la demande, au moins très peu réfléchie, de lui confier mon manuscrit; il me déclara qu'il n'avoit d'autre but que d'en donner communication à un parent de qui il espéroit une assistance efficace.

Je répondis, que mon usage n'étoit pas de laisser courir mes manuscrits; mais que j'étois prêt à lire moi-même à son parent celui dont il s'agissoit. A ces mots, M. Macdonagh s'est roidi, à un point qui m'a fait penser qu'il perdoit de vue que je le servois par le seul amour de la justice & de la liberté.

Ce dernier mobile est celui qui, aujourd'hui me détermine à publier cet ouvrage; je le fais même avec d'autant plus de confiance que les choses qu'on y lira, se trouvent d'avance confirmes par la signature de M. Macdonagh, dans les numéros 40, 45 & 49, du Journal du Patriote Camille des Moulins.

<hr>

1791

<hr>

De l'Imprimerie du CREUSET, rue Saint Martin,
N° 219.

On s'y abonne à l'année, par trimestre, et au mois,
pour le CREUSET.